UEBERREUTER

TALK ABOUT

SYLVIA SCHNEIDER IST STUDIERTE ERNÄHRUNGS- UND KOMMUNIKATIONSWISSENSCHAFTLERIN UND WAR LEITENDE REDAKTEURIN DES RESSORTS WISSENSCHAFT UND MEDIZIN BEI GROSSEN HAMBURGER MEDIEN. SIE LEBT HEUTE IN ECKERNFÖRDE, HAT VIELE GESUNDHEITSRATGEBER FÜR GROSS UND KLEIN GESCHRIEBEN UND IST ALS KINDER- UND JUGENDSACHBUCHAUTORIN SEHR ERFOLGREICH. AUSSERDEM IST SYLVIA SCHNEIDER CHEFREDAKTEURIN DER ZEITSCHRIFT »GESUNDHEIT FÜR FRAUEN«.

HELMUT H. ERB WAR KAMPFSCHWIMMER BEI DER MARINE. ER GEWANN ETLICHE MEDAILLEN IN EXTREMSPORTARTEN UND VIELSEITIGKEITSWETTBEWERBEN UND IST AUSGEBILDET IN DER PROFESSIONELLEN STRESSBEWÄLTIGUNG IN UND NACH KRISENFÄLLEN. ER GILT HEUTE ALS EXPERTE FÜR SPORT, OUTDOORING, NATURERFAHRUNG UND GEWALTMANAGEMENT.

FOCUS DROGEN

Fragen, Antworten, Erfahrungen

SYLVIA SCHNEIDER
HELMUT H. ERB

UEBERREUTER

Der Inhalt dieses Buches wurde mit Sorgfalt recherchiert und überprüft. Die veröffentlichten Informationen und Tipps können jedoch professionelle Beratung und Betreuung nicht ersetzen. Es handelt sich nicht um Ratschläge für den Einzelfall.

ISBN 3-8000-5259-8
ISBN 978-3-8000-5259-2

Druck: Druckerei Theiss GmbH, St. Stefan i. L.
7 6 5 4 3 2 1

Ueberreuter im Internet: www.ueberreuter.at

INHALT

EINLEITUNG

**IT'S NOT THE FALL THAT HURTS.
IT'S WHEN YOU HIT THE GROUND.**

In Sachen Drogenkonsum gibt es gute Nachrichten und schlechte Nachrichten. Einerseits gibt es wesentlich weniger Drogentote durch harte Drogen wie Heroin als früher, andererseits hat der Konsum von so genannten weichen Drogen wie Haschisch und synthetischen Drogen in erschreckendem Maß zugenommen. Dramatisch: Die Konsumenten werden immer jünger, oft handelt es sich noch um richtige Kinder – das lesen wir fast jeden Tag in der Zeitung. Auch die Weltgesundheitsorganisation WHO reagiert alarmiert: Der Drogen- und Alkoholkonsum bei Jugendlichen hat sich einer aktuellen Studie zufolge in zahlreichen europäischen Ländern in den vergangenen Jahren drastisch erhöht. Neben Cannabis, das als Marihuana aus den Blütenständen oder als Haschisch aus dem Harz der Hanfpflanze geraucht wird, stehen vor allem Amphetamine, Ecstasy und LSD auf der riskanten Hitliste. Neue und verunreinigte Stoffe aus illegalen Labors ziehen ihre Kreise. Das Auftauchen einer Droge namens »Crystal Meth« versetzt viele in Angst und Schrecken.

Haschisch und Drogen wie Ecstasy gehören für viele Jugendliche heute zum Alltag dazu wie der Einlass-Stempel der Disco. Diese Drogen haben bei ihnen ein **durchaus positives Image**: Sie versprechen mehr Leistung, Lust, Liebe und Partys feiern bis zum Abwinken. Vor allem soll man von ihnen angeblich nicht süchtig werden, sie gelten als sauber und kontrollierbar. Insbesondere am Wochenende sollen sie stundenlang »fit for fun« machen. Erfahrungen mit Drogen gehören in manchen Kreisen schon fast zum guten Ton. Das ist cool, krass und vollfett.

Doch so viel Fun ist ganz offenbar doch nicht **zum Nulltarif** zu haben. Immer öfter werden negative und auch richtig schlimme Auswirkungen bekannt. Hamburger Wissenschaftler haben bereits vor einer Weile Alarm geschlagen: In der bisher weltgrößten medizinisch-psychologischen Untersuchung wurde nachgewiesen, dass die Kultdroge Ecstasy – kurz XTC – nicht nur bei Überdosierung tödlich ist, sondern vor allem das Gehirn killt. Es wird quasi Stück für Stück unwiderruflich aufgeweicht. Dass Pille und Stoff nicht süchtig machen, daran glauben allen voran viele jugendliche Konsumenten nicht mehr: **»Wer erst mal drauf ist, kommt so schnell nicht wieder runter …** egal, was du nimmst, du wirst abhängig davon«, sagen sie übereinstimmend.

Drogen und Räusche gibt es seit Menschengedenken. Sie gehören zum menschlichen Leben dazu. Ein Rausch führt aus der Welt der Realität in andere Sphären, kann neue Erlebnisse und Sichtweisen vermitteln, Transzendenz schenken und zu bislang **unbekannten Wahrnehmungen** führen. In allen Kulturen unserer Welt sind Rauschdrogen bekannt, zumeist – und zumindest ursprünglich – pflanzlicher Herkunft. Was allerdings nicht gleichbedeutend mit unschädlich ist.

Früher war ihr Konsum fast immer in die **Regeln des Gemeinwesens** eingebettet, nicht selten begleitete er religiöse Zeremonien. Gelegentlich diente der Rausch auch dem nackten Überleben, denn er konnte den Stoffwechsel drosseln, schlimme Hungergefühle lindern und dem Körper helfen, extreme Temperaturen zu überstehen. So fand die Einnahme von Rauschdrogen meist unter Aufsicht der Gemeinschaft und abgesichert durch feste Abläufe statt. Junge Menschen wurden von den Alten in das **Wohl und Wehe des Rausches** behutsam eingeführt. Rausch und Sucht waren noch nicht zwangsläufig miteinander verbunden. Heute ist das anders. Zwar wird die Einnahme von Drogen vom Staat reglementiert und zumeist verboten. Doch der illegale Konsum ist trotzdem möglich und findet im stillen Kämmerlein oder in der Masse Gleichaltriger statt, wo sich jeder ausschließlich um sich selbst kümmert und kaum einer mehr Ahnung davon hat als der andere.

Keine einschränkenden Rituale schützen junge Leute heute. Sie sind sich selbst und den immensen Risiken der Drogen überlassen. Es wird einfach toleriert oder billigend in Kauf genommen, dass Kinder und Jugendliche Drogen nehmen und dabei zu Schaden kommen können. So wird die Schwäche der Erwachsenen einmal mehr zur Gefahr für die Heranwachsenden. Doch woher sollen Kinder und Jugendliche das wissen? Wie sollen sie in ihrem Alter und ohne elterliche Guidelines entscheiden, was gut und was schlecht für sie ist?

Aufgrund ihrer eigenen Drogenerfahrungen machen sich die Eltern von heute Illusionen über die schädlichen Auswirkungen von Haschisch und Co. Manche verherrlichen das Kiffen sogar. Während sie in ihrer Jugend Haschisch rauchten, um gegen ihre Eltern und die bestehende Gesellschaft zu rebellieren, tun es die Kids von heute meist, um sich gnadenlos vollzudröhnen. Nicht nur legale, auch **illegale Drogen** gibt es an allen Ecken und viele Jugendliche probieren sie **in einem noch nie da gewesenen Ausmaß** – egal welche weit reichenden Folgen dies für sie hat. Natürlich ist die Zeit der Jugend immer noch die Phase im Leben, in der ein Mensch die meisten Risiken eingeht und Erfahrungen sucht. Doch sollen wir tatenlos zuschauen, wie sich Cannabis- und andere Drogen-Wracks schon in jungen Jahren den Lebensweg zerstören? Nur weil die Erwachsenen ihren hippie-verklärten Drogen-Mythen von grenzenloser Freiheit und sonst was hinterhertrauern und nicht in der Lage sind, diese endlich einmal aufzuarbeiten?

Selbstbewusste Jugendliche, die keine Angst vor dem Leben haben und sich auf dessen Herausforderungen freuen, haben selten Probleme mit Drogen. Wenn sie mal aus reiner Experimentierfreude oder Partylust kiffen, verlieren sie meist rasch den Spaß daran und wenden sich wieder ihren Interessen und Zielen zu. Es trifft besonders die unsicheren, empfindsamen, einsamen oder durch ihre Lebensbedingungen gestressten Kids, die an den Drogen hängen bleiben. Diese bieten ihnen die Chance, ihre Schwächen zu tarnen und »irgendwie, irgendwo« dazuzugehören. Die Flucht in den Rausch erscheint ihnen als Hilfe, die sie anderswo nicht finden. Der Preis dafür ist der Verzicht auf Unabhängigkeit und den Stolz auf die innere Freiheit.

Wie stehst du selbst zu Drogen? Hast du schon mal etwas ausprobiert? Oder dir vorgenommen, es bei der nächsten Gelegenheit zu tun? Oder hast du **keinen Bock auf Stoff und Co**? Vielleicht möchtest du nicht die Kontrolle über dich verlieren oder hast dir eine bestimmte Leistung vorgenommen, ein Ziel gesetzt, das du lieber mit möglichst klarem Kopf schaffen willst? Womöglich hast du auch gar keine Lust darauf, weil deine Interessen ganz woanders liegen? Oder hast du dir schlicht und ergreifend vorgenommen, stets einen großen Bogen um Drogen zu machen? Das ist nach wie vor das Allerbeste.

Doch natürlich ist es naiv zu glauben, es gäbe für Jugendliche heute eine Welt ohne Drogen. Darum wollen wir keine blindwütige Hatz gegen Drogen veranstalten. Fast jeder Jugendliche kommt in irgendeiner Form mit ihnen in Berührung, kennt jemanden, der sie nimmt oder damit dealt, oder weiß jedenfalls, wer damit in Kontakt steht. Manch einer ist vielleicht hin und her gerissen zwischen der Lust, mal etwas auszuprobieren und der Furcht davor.

Je mehr du über Drogen weißt, umso besser ist das für dich. Dann lässt du dir nämlich auch nicht von anderen erzählen, wie cool es sei, Drogen zu nehmen. Wappne dich gegen Menschen, die dich verführen wollen. Sie wirken oft ganz harmlos, möglicherweise findest du sie sogar besonders toll. Zumindest für eine Weile lang. Doch diejenigen, die dich zu Drogen überreden wollen, meinen es nicht wirklich gut mit dir. Sie missbrauchen dich, weil sie meist selbst nur jemanden benötigen, der auch Drogen nimmt, damit sie sich besser fühlen oder um dir Geld dafür abknöpfen zu können – etwa um so ihre eigene Sucht zu finanzieren ...

Wir wollen dir helfen, die einzelnen **Drogen zu verstehen**, ihre Wirkungsweise im Körper nachvollziehen zu können, ihre **Gefahren zu kennen** und – wenn es denn sein muss – besser damit umgehen zu können. Vor allem unerfahrene Kids schlucken zu viel oder zu viel durcheinander, wissen weder, was in den Drogen steckt, noch, was mit ihnen geschieht, wenn sie mehrere Suchtmittel gleichzeitig nehmen. Wir wollen hier versuchen, **ohne Tabus aufzuklären**. Auch für den Notfall – wenn etwa in deinem Freundeskreis etwas passiert – solltest du gewappnet sein. Wie kann man helfen und wo gibt es Hilfe? All das erfährst du in diesem Buch.

Wir haben versucht, so sachlich und vorurteilsfrei wie möglich zu sein, keine Panikmache zu betreiben sowie geschichtliche und kulturelle Einflüsse zu berücksichtigen. Was wir dir wünschen, ist ein maß- und verantwortungsvoller Umgang mit allen Möglichkeiten des Lebens. Das betrifft nicht nur Drogen, sondern alle Bereiche – das ist eine Lebenshaltung.

Was wir keinesfalls wollen, ist dich zum Drogenkonsum zu ermuntern. Die Freiheit, die du dir mit dem Erwachsenwerden erarbeitest, bedeutet ja nicht, dass du zu allem, was andere machen »Ja und Amen« sagen musst. Sie schenkt dir vielmehr die Möglichkeit, auch »Nein« sagen zu können – ohne dass du etwas erklären oder dich dafür entschuldigen musst. **Versuche dir deine Stärke und einen klaren Blick zu bewahren. Das ist wirkliche Freiheit!**

Wir wollen dich fit machen, auf dich selbst aufzupassen – egal, wofür du dich entscheidest!

Sylvia Schneider
Helmut H. Erb

DROGEN: SCHÖNE NEUE WELT?

DROGENFREIES SCHÜLERLEBEN?

Von wegen: Ein Joint für die große Pause ...

»Eine neue Drogenwelle rauscht durch die deutschen Schulen: Immer mehr Jugendliche und sogar Kinder rauchen Cannabis – bis zum Totalabsturz. Seit hochgezüchtetes Power-Kraut geraucht wird, steigt die Zahl von Schwerstabhängigen mit lebenslangen Psychoschäden«, alarmierte ein großes deutsches Politikmagazin kürzlich die Öffentlichkeit. Cannabis hat damit in den letzten Jahren die Designerdrogen wie Ecstasy locker überrundet. Die Gefahren von Cannabis werden dramatisch unterschätzt.

Fast überall kommst du heute ohne große Hindernisse an Drogen. Das entspricht sicher auch deiner eigenen Erfahrung. Nicht mehr nur an »anrüchigen« Treffpunkten, in bestimmten Lokalen oder Discos wird allerlei Stoff angeboten. Auf den Schulhöfen haben Ecstasy, Hasch & Co Einzug gehalten. Statt Zigaretten werden in den – noch vorhandenen Raucherecken – Joints geraucht. Oft sogar mehr oder weniger offiziell. Es gibt in Deutschland inzwischen wahrscheinlich **keine Schule** mehr, an der Drogen keine Rolle spielen und Kiffen nicht zum Alltag gehört. Die Polizei stellt immer wieder fest, dass Groß und Klein bei Cannabis ganz offenbar das Unrechtsbewusstsein abhanden gekommen ist.

Die aktuellsten Zahlen:

Jeder 3. Jugendliche hat Drogenerfahrung.

23 % haben Erfahrung mit Cannabis.

11 % der 15-Jährigen kiffen regelmäßig.

50 % der 14-Jährigen haben bereits einen Alkoholrausch hinter sich.

27 % der 15-Jährigen rauchen täglich Zigaretten (im internationalen Vergleich ist das absolute Spitze).

Rund 8 % haben Erfahrungen mit härteren Drogen wie Amphetaminen, Ecstasy, Kokain und LSD.

Jeder 5. Jugendliche kennt Ecstasy aus eigener Erfahrung.

Für eine Studie des Kieler Instituts für Suchtprävention und Angewandte Pädagogische Psychologie gaben über 3.000 Schüler an schleswig-holsteinischen Schulen vor einer Weile anonym Auskunft über ihren Drogenkonsum. Resultat: Über die Hälfte der älteren Schüler hatte bereits vor sechs Jahren Erfahrungen mit illegalen Drogen gemacht. Jeder Dritte zählte sich schon selbst zu den Dauerkonsumenten. Auf die Schüler aller Altersklassen verteilt – auch »die Kleinen« waren dabei – hatte ein Drittel von ihnen Drogenerfahrung. Der Einstieg in die Dröhnung geschieht heute früher als jemals zuvor, viele Schüler experimentieren schon mit 12 bis 14 Jahren mit Drogen.

Bereits an der Schwelle von Grundschule und weitergehenden Schultypen gibt es heute regelmäßige Drogenkonsumenten, Dauerkiffer und viele »Kampftrinker«. Geraucht wird sowieso. Schon mit neun Jahren hängen viele Kids am Glimmstängel. Die meisten Jugendlichen sehen das gelegentliche Nehmen von Drogen ebenso als Teil des normalen Lebens wie viele Erwachsene den allabendlichen Griff zum Drink. Immer mehr Jugendliche werfen alles ein, was kommt: Ecstasy, Amphetamine, psychoaktive Pilze, darauf noch Alkohol und zu allem ein Joint. Das Einstiegsalter liegt heute – so Experten – zwischen zwölf und vierzehn Jahren. Und die Einsteiger werden immer jünger.

»FREITAGS VOLL FETT«

Eine Drogenreportage am Beispiel einer deutschen Großstadt

Die Tanzfläche ist gestopft voll. Die Tanzenden bewegen sich unter den bunten schwirrenden Lichtern wie in Trance. Bizarr sehen ihre Zuckungen im Halbdunkel aus. Der 15-jährige Leon steht mit seiner neuesten Flamme Svenja an der Bar und schaut den anderen zu. Gelangweilt zieht er an seiner Zigarette. Es ist schon seine 17. heute. Er hat keinen Bock mehr auf Schule, schwänzt immer öfter und geht mittwochs und freitags bis sonntags immer »auf Pille abtanzen«.

Svenja ist wie immer total gut drauf. Sie zeigt auf die Tanzfläche: »Schau doch bloß mal, die sind alle voll fett.« Sie meint damit, dass die anderen entweder **»Pillen, Peppen oder Pappen«** konsumiert haben – manchmal auch alles auf einmal. Pille steht für Ecstasy, Peppe für Speed und Pappe für LSD.

Auf der Tanzfläche steht eine Horde Jungs, die ungefähr so alt wie Svenjas kleiner Bruder sind. Diese Disco gilt als Geheimtipp für Einsteiger-Kids, das Lokal daneben als Treffpunkt der jüngsten Ecstasy-Generation. **Svenja** nimmt anstelle von Ecstasy Speed, damit sie nicht so »abgefuckt« wird wie Leon und trotzdem die ganze Nacht wach bleiben kann, sagt sie. Immerhin bleibt sie bei nur einer Droge. Ihre Freundin Miriam dagegen braucht immer mehr und immer mehr auf einmal. Dementsprechend sieht sie auch aus: alt und grau nämlich. Angefangen hat es mit Alkohol und Kiffen, dann hat sie, »um die Nacht durchzuhalten«, zweimal Speed und zweimal Ecstasy dazugenommen. Viele machen es so wie sie: Erst »was zum Wachwerden«, zwischendurch »was zum Durchhalten«, dann »was zum Dämpfen«, am Ende »was für ein paar nette Träume«, und das Ganze wird mit ein paar Bierchen hinuntergespült. Dabei macht gerade das Mischen den Drogenkonsum so überaus gefährlich, weil die Folgen unkalkulierbar sind.

Die Szeneläden der Stadt sind die ganze Nacht geöffnet, morgens geht es dann anderswo weiter. In den angesagtesten Gegenden sind die meisten dieser Lokale entstanden, in leer stehenden Fabriken und Abbruchhäusern. Manche von ihnen sind nur zeitweise Treffpunkt der Szene, die Botschaft von ihrer Existenz wird nur von Druidenmund zu Druidenohr weitergereicht. Das macht die ganze Sache noch spannender und erschwert außerdem den Zugriff von Polizei und Drogenfahndung. Denn wenn die einen neuen Treffpunkt gecheckt haben, geht die »Paadie« längst woanders ab. Strengste Kontrollen am Eingang verhindern nicht, dass drinnen gedealt wird. Die meisten Besucher sind schon »auf Pille«, wenn sie kommen. Zumindest aber haben sie schon vorgeglüht, sprich: sich irgendwo anders »warmgesoffen«. Wer vorher etwas einnimmt, hat meist den Nachschub in BH oder Unterhose versteckt.

Ecstasy, Speed oder LSD aus den Clubs zu verbannen, drogenfreie Zonen zu schaffen, ist nicht mehr möglich – das haben inzwischen auch die Experten erkannt. Keiner weiß so recht, wie man das Problem in den Griff kriegen kann.

Bei allem Fun: Drogen sind ein Problem. Was bleibt, ist unermüdliche Aufklärung, den Kids immer wieder zu sagen, wo die Risiken liegen und wie man die Gefahren reduzieren kann.

Der winzige Schritt vom User zum Dealer – und damit von der Illegalität in die Kriminalität – ist schnell getan. Viele junge Leute kaufen immer ein paar Pillen oder ein paar Gramm Haschisch mehr, als sie selbst brauchen, und geben den Rest mit Gewinn an Freunde ab.

»Wer nicht auf Pille und Co ist, fragt sich, ob man da noch Feinde braucht, wenn man solche Freunde hat ...«, meint selbst Svenja.

Irgendwann sind alle dann so zugedröhnt, dass sie nicht mehr reden wollen, nur noch tanzen oder rumhängen – so wie Leon. Langsam geht die Nacht zu Ende. Morgens um sieben ist die Welt nicht – wie früher – in Ordnung und alle Kids brav im Bett. Chill-out oder »chillen« ist angesagt. In den umliegenden Parks oder in ihren Autos versuchen die Partygänger von den Pillen wieder runterzukommen, bevor sie zu Mama und Papa nach Hause schleichen.

Leons Freund Jan wälzt sich dann im Bett, schwitzt und zittert. Das Läuten der sonntäglichen Kirchenglocken – eine einzige Qual für seine durchgehämmerten Ohren.

An Schlaf ist nicht zu denken, wenn »der Affe kommt«. Früher wollte die Party gar kein Ende nehmen. »Schlaflos, sorglos, zeitlos« war sein Motto von Freitagnacht bis Montag früh. Ängste, Depressionen und Panikzustände noch Tage nach dem Wochenende kennt er schon aus seiner Ecstasy-Zeit. Nun aber schüttelt ihn »der Affe«, die Krämpfe gehen durch und durch. Jan ist nicht mehr auf Pille, er hängt an der Nadel. Sein Freund Axel ist vor kurzem aus dem Fenster gesprungen – zermürbt von panischer Angst und Verfolgungswahn. »Lieber tot als verrückt«, schrieb der Ecstasy-User seinen Eltern zum Abschied. Ein paar Tage vorher hatte er ihnen noch Geld, Schmuck und Kreditkarten gestohlen, um seine Sucht finanzieren zu können. Arm dran ...

Wer nach der Nacht noch nicht genug hat, zieht weiter. Die »Paadie« geht nun in anderen Locations weiter. An einer ziert ein Schild den Eingang: »Denkt dran, Drogenkonsum ist strafbar. Wer Drogen besitzt, konsumiert oder damit dealt, steht nicht nur mit einem Bein im Grab, sondern auch im Knast.« Viele Besucher aber leiden an einer Art »früher Alzheimer«: Böses Erwachen ist zwar garantiert, aber vorläufig erst mal verdrängt ...

ILLEGAL, FAST LEGAL, SCHEISSEGAL ...

Cannabis: Alles andere als harmlos!

Haschisch hat eine steile Karriere hinter sich und ist die Droge, über die die meisten sich die größten Illusionen machen. Es ist zwar verboten, aber nur noch »mehr oder weniger« und deshalb trotzdem auch allgegenwärtig. Es gehört heute zur Jugendkultur wie bestimmte Labelklamotten oder der Stempel am Eingang der Disco. Bei keiner Droge gibt es höhere Zuwachsraten. Entsetzt beobachten kritische Eltern, Lehrer und Experten, wie sich das Bild der Drogensüchtigen wandelt. Es ist nicht mehr die völlig abgeglittene Babynutte oder der heruntergekommene Stricher, die sich ihr Geld für harte Drogen auf dem Strich oder durch Klauen besorgen müssen. Von ihnen gibt es inzwischen erfreulicherweise immer weniger.

Ganz neue »Suchtkarrieren« machen von sich reden: Jugendliche, die immer früher einsteigen, sich jahrelang mit Haschisch und Marihuana zudröhnen, bis nichts mehr geht. Vor jedem Pausenklingeln wird rasch noch ein neuer Kick benötigt. Dauerkiffer, die mit 12, 13 Jahren schon angefangen haben und mit 17 unten angekommen sind. Etwa 15.000 Kiffer wenden sich heute an Drogenberatungsstellen. Das ist ein Vielfaches mehr als noch vor 10 Jahren.

Ob Cannabis, Haschisch, Gras, Marihuana oder Shit – Hanfprodukte zählen mehr denn je zu den »Marktführern« unter den illegalen Drogen. Sie sind so etwas wie »illegale Alltagsdrogen« geworden, deren Konsum auch vonseiten des Staats mit augenzwinkernder Nachlässigkeit betrachtet und von den Gerichten inzwischen als straffrei beurteilt wird. Nach den Erkenntnissen der Kriminalpolizei haben sie sich in den vergangenen Jahren wie ein Flächenbrand ausgebreitet. Deren größte Sorge: »Es gibt sehr junge User, die sofort massiv in den Konsum einsteigen!«, – so Andreas Gantner vom Therapieladen in Berlin, der sich auf jugendliche Haschischkonsumenten spezialisiert hat. Starke Kiffer haben fast immer sehr früh angefangen. Schließlich ist der Stoff heute fast überall problemlos erhältlich – selbst für Kinder.

Ich fand es toll, das Leben mal aus einer anderen Perspektive zu sehen, hab den Rausch oft genossen, andererseits habe ich aber auch mitbekommen, wie sich meine Freunde selbst kaputtmachen, wie Freundschaften zerbrachen und Ausbildungen geschmissen wurden. Der Stoff wurde zum Lebensinhalt, da bin ich ausgestiegen.

Lena, 18 Jahre

Der größte Irrtum in Sachen Cannabis ist, dass vor allem die Eltern-Generation es gerne als harmlose Modedroge darstellt. Immer wieder wird der Vergleich mit Alkohol bemüht, der bei Haschisch-Anhängern als wesentlich gefährlicher gilt. Die meisten halten Haschisch für ungefährlich – zumindest für weniger folgenschwer als die legale Droge Alkohol, die nach wie vor direkt oder indirekt 40.000 Todesfälle im Jahr fordert. Doch dieses ist eine törichte Verherrlichung der Droge. Cannabis einerseits ist wesentlich riskanter und folgenreicher als angenommen – das bestätigen immer mehr ernstzunehmende Studien und Erfahrungsberichte. Zum anderen sind die Pflanzen heute etwa mindestens fünf- bis zwanzigmal wirksamer als früher. Der Stoff stammt zumeist von hochgezüchteten und mit Schnellwuchsmitteln gepushten Turbopflanzen aus holländischen Gewächshäusern. Die Preise sind heute deshalb meist auch »taschengeldkompatibel«. »Der Stoff wirkt bei Schülern natürlich ganz anders als die Mickerpflanzen aus Papis Studentenzeit«, zitiert das Magazin »Der Spiegel« einen Rauschgiftexperten. Immer häufiger wird von verheerenden Auswirkungen berichtet.

Für die Gehirne von Jugendlichen scheint die Droge

besonders gefährlich zu sein. Wird ein jugendliches Gehirn schon sehr früh mit Rauschmitteln bombardiert, wie es bei Haschisch meist der Fall ist, wird es regelrecht auf Sucht programmiert. Je früher diese Droge ausprobiert wird, umso wahrscheinlicher ist es, dass daraus eine handfeste Sucht entsteht und der Jugendliche zum Dauerkiffer wird. In 10 bis 20 Prozent aller Fälle stellen sich dann Psychosen ein. Es kommt zu Wahnvorstellungen, manchmal erst Wochen oder Monate später. Sie können ein ganzes Lebens lang immer wieder auftauchen. Sicher ist: Wer in seiner Jugend viel Haschisch oder Marihuana raucht, hat ein mindestens doppelt so hohes Risiko, an Schizophrenie zu erkranken.

»Ungefähr tausend Menschen, die sonst gesund geblieben wären, erkranken jedes Jahr an der unheimlichen Krankheit, weil sie kiffen«, so »Der Spiegel«.

Wenn solche Kiffer dann auch noch Alkohol konsumieren oder Ecstasy einwerfen, schmieren sie schneller ab als die Hardcore-Heroinabhängigen früherer Tage. Damit der Stoff noch schneller wirkt, machen obendrein Wasserpfeifen – »Blubber« – die Runde, in denen der Rauch abgekühlt wird. Noch schneller dröhnt die Bong, eine Art Riesenpfeife, mit deren Hilfe konzentrierter Rauch schlagartig in die Lunge gerät.

Wer dafür kein Geld ausgeben will, bastelt sich selbst eine solche Turbopfeife aus einer aufgeschnittenen Plastikflasche und einem Eimer. Beim »Eimerrauchen« kommt der Stoff so rasch ins Blut, dass manche Kiffer einfach umkippen wie die Fliegen. Dummerweise zeigen diese Horrorvorstellungen bei Menschen in deinem Alter keine Wirkung. Denn das liegt ja alles noch soooo weit weg ... und aufhören könntest du ja sowieso jederzeit. Morgen ist auch noch ein Tag ...

Von der sagenumwobenen Wirkung des Haschs hab ich nicht viel gemerkt. Doch vor den anderen hab ich meine vermeintlichen Highlights unheimlich breitgetreten. Ich fand mich unglaublich cool.

Tanja, 17 Jahre

Unverdrossen fordern dennoch einige ewiggestrige Erwachsene die Freigabe von Cannabis. Auf ihrem Mist ist auch der Mangel an Unrechtsbewusstsein in Sachen Cannabis gewachsen. Hartnäckig hält sich der verherrlichende Mythos, Cannabis sei unschädlich. Auch bei Jugendlichen macht er noch seine Runde. Das Kraut sei vor allem »friedlich«, »inspirierend« und »natürlich«, gaben befragte Jugendliche Frankfurter Forschern zu Protokoll. Beliebt ist auch der Vergleich mit der Schädlichkeit von Alkohol und Zigaretten, um zu beweisen wie wenig riskant Cannabis ist. Darin schlummern gleich zwei Irrtümer. Zum einen ist es irrwitzig, eine Droge gegen eine andere aufrechnen zu wollen. Zum anderen ist der Schluss der falsche: Weil Cannabis angeblich weniger gefährlich ist als Alkohol, soll Cannabis nach den Forderungen seiner Befürworter legalisiert werden. Logischer wäre da doch eher die Forderung, den Alkohol zu verbieten oder einzuschränken.

Alle Drogen haben ihr unterschiedliches Risikopotenzial und bringen eigene Gefahren mit sich. Cannabis ist nicht direkt tödlich wie Zigaretten (110.000 Tote jährlich) und Alkohol (40.000 Tote jährlich), aber es zerstört bereits in jungen Jahren Lebenswege. Und mal ehrlich: Dir kann es doch zunächst einmal egal sein, ob der arbeitslose Herr XY sich auf der Parkbank zu Tode säuft, wenn du dir mit Cannabis gerade deinen Lebensweg versaust. Erschwerend kommt jedoch hinzu, dass viele Kiffer sich nicht auf eine Droge beschränken und gleichzeitig zumindest rauchen und Alkohol trinken.

Über die mögliche **Legalisierung von Hasch** wird schon lange gestritten. Dabei ging es vor allem um die Frage, ob der Joint eine Einstiegsdroge in den Konsum härterer Suchtmittel ist oder nicht. Diese Frage stellt sich heute nicht mehr. Sicher ist, dass vor allem die Zigarette die Einstiegsdroge für den Cannabiskonsum ist: Nach einer Studie des Hamburger Drogenforschers Baumgärtner kiffen unter den Schülern nur 2 Prozent der Nichtraucher, aber knapp 40 Prozent der regelmäßigen Raucher. Fast 30 Prozent der Jugendlichen unter 15 Jahren sind nach einer anderen Untersuchung bereits regelmäßige Raucher.

Dass Kiffen abhängig macht, gilt inzwischen als zweifelsfrei erwiesen. Neueste Tierversuche sprechen dafür. Einig sind sich die Forscher inzwischen darin, dass die Droge fatale Auswirkungen auf Körper und Geist haben kann. Zudem sind die meisten Kiffer sehr rasch zu kraftlos, um ihr Leben zu meistern. Eins steht aber fest: Seit das deutsche Bundesverfassungsgericht in einem Urteil zu dem Schluss kam, dass nicht nur der Konsum, sondern auch der Besitz von Haschisch in geringen Mengen nunmehr straflos gestellt wird, ist der Verbrauch – harmlos ausgedrückt: die **Probierbereitschaft** – von Haschisch bei Jugendlichen **Besorgnis erregend gestiegen**. Doch noch immer gilt in Deutschland als Spießer, wer davor warnt. Und wer will schon gern als Spießer gelten? Da braucht es schon aufgeklärte Jugendliche wie dich, die dem galoppierenden Wahnsinn mancher Erwachsener Paroli bieten.

ECSTASY

Mit kleinen Pillchen und voller Dröhnung ins Wochenende

Ecstasy, auch XTC geschrieben oder E genannt, ist ebenfalls überall. Ecstasy ist Kult. Eine Aura der Harmlosigkeit und des unbegrenzten Glücksgefühls umgibt diese Droge. Die Technowelle hat sie vor einigen Jahren aus den Großstädten zu den Jugendlichen in die Provinz gespült. Heute sind die kleinen bunten Pillchen mit den lustigen Aufprägungen in jedem Winkel des Landes für Minderjährige genauso leicht zu haben wie Schnaps oder Haschisch. Der durchschnittliche XTC-Schlucker – der User – beginnt in der Schulzeit damit. Der Konsum selbst findet fast ausschließlich am Wochenende in den Discos statt. »Freizeitdroge« oder »Gymnasiastendroge« wird Ecstasy deswegen auch genannt. Die Pillen sind billiger geworden und haben ihre Kreise außerhalb von Rave und Techno gezogen, Heavy-Metal-Fans schlucken sie ebenso wie geschniegelte Werbefuzzis. Schüler werfen sie gegen Langeweile ein oder vor der Klassenarbeit oder gegen Winterspeck, Kommunikationsprobleme, Liebeskummer, Einsamkeit – gegen alles eben.

Nur: Auch wenn viele Schüler, Lehrlinge und Studenten – also du selbst vielleicht – damit Erfahrung haben und du relativ leicht an den Stoff kommst: Verboten sind die Smartie-Lookalikes, die zu den weichen Drogen gezählt werden, trotzdem. In der Bundesrepublik Deutschland werden immer mehr Lieferungen beschlagnahmt, die oft aus illegalen Labors in den Niederlanden stammen. 1999 wurden von den Drogen-Fahndern 1,47 Millionen Pillen sichergestellt, im Jahr davor war es noch viel weniger als ein Drittel. **Heute ist Ecstasy die am weites-**

ten verbreitete chemische Droge in Deutschland. Gemixt wird der Ausgangsstoff MDMA (siehe auch Seite 69 ff.) inzwischen oft mit anderen Stoffen, die teilweise harmloser, aber zum großen Teil auch viel gefährlicher sind. Das allergrößte Risiko: Keiner der Käufer weiß wirklich, was jeweils in die Pillen gemischt wurde. Von Traubenzucker bis Todespulver – alles ist drin.

Neuer Horror unter den Drogen

Besondere Sorgen bereitet den Experten eine neue synthetische Mischung, die derzeit in den USA, Kanada und Mexiko Furore macht: **Crystal Meth**, *auch »Tina«, »Glass«, »Crystal«, »Ice« oder »Crank« genannt, ein naher »Verwandter« von Ecstasy. Es wird gespritzt, geschnupft oder gegessen. Die Droge führt zur absoluten sexuellen Hemmungslosigkeit. Vor allem auf Partys, an denen auch HIV-Positive teilnehmen und bei denen keine Kondome verwendet werden, ist es beliebt. Das hat zu einem deutlichen Anstieg der Aids-Fälle geführt.*
Die Droge wird aus Erkältungsmedikamenten gemixt. Sie ist damit relativ billig und gilt als die mit Abstand gefährlichste Droge überhaupt. Crystal Meth macht ungeheuer schnell abhängig, weil es im Gehirn zur Ausschüttung des Glückshormons Dopamin führt und Anfälle von überbordender Euphorie verursacht.
Wer auf Meth ist, kann tagelang wach bleiben. Die Droge dämpft den Hunger, weshalb sie von Frauen auch als Schlankheitsmacher verwendet wird. Sie zerstört in rasender Schnelle das Gehirn und schädigt den Körper. Es bilden sich Ekzeme auf der Haut, weil sich darunter Kristalle bilden, die gewissermaßen an die Oberfläche »platzen«. Zudem faulen die Zähne.
Die Droge hat mittlerweile auch Deutschland erreicht und bereits einige Todesopfer gefordert.

Hat sich ein Jugendlicher an den Konsum von Ecstasy gewöhnt, experimentiert er oft auch zusätzlich mit LSD und anderen Drogen. Denn der »E-Kick« reicht ihm nun nicht mehr aus. Der durchschnittliche User sagt, dass er auch gar nicht aufhören will mit dem Drogenkonsum. Im Gegensatz zu früheren Zeiten und zu harten Drogen kann er zunächst auch ein annähernd normales Leben führen, ohne dass andere zwangsläufig etwas von seinem Hang zu Rauschgiften mitbekommen. Wer hingegen von harten Drogen wie Heroin abhängig ist, wird wegen des **körperlich-seelischen Verfalls** und des sozialen Abstiegs schon rein äußerlich erkennbar.

Das Auffälligste am heutigen Drogenfreak ist aber seine Unauffälligkeit. Auf den ersten Blick: Keine Ähnlichkeit mit dem klassischen Drogenelend der Heroinabhängigen. Ecstasy-User tragen Markenklamotten und wohnen noch bei Mama und Papa im Kinderzimmer. Hier wird auch der Kater nach dem Pilleneinwurf ausgestanden: Schmerzen, Übelkeit, weinerliche Traurigkeit, Ängste, Depressionen.

Anfangs haben viele Suchtexperten Ecstasy für ziemlich ungefährlich gehalten – die perfekte Droge unserer Spaßgesellschaft. »Schöner und safer schlucken«, Gewinn ohne Risiko, Spaß ohne Folgen – das haben sich wohl alle ebenso sehr gewünscht wie »reich sein ohne Arbeit«. Ecstasy als moderner Glücksbote. Motto: Love, Peace and »Paadie« ...

Doch **Party und Panik** liegen offenbar ganz eng beieinander. Inzwischen streiten sich die Experten nämlich darüber, was an Ecstasy schlimmer ist: die akuten Panikreaktionen direkt nach dem Genuss oder die körperlichen, seelischen und nervlichen Langzeitfolgen. Eine Einstiegsdroge ist es allemal. Immer häufiger werden auch Todesfälle durch Ecstasy bekannt. Im Jahr 1995 waren es 18, heute rechnet das Bundeskriminalamt schon mit mindestens 140 Toten jährlich – direkte oder indirekte Opfer der Glücksdroge. Viele setzen ihrem Leben selbst ein Ende, weil nur Party-Machen eben auch kein Leben ist. Auf der Dauerparty entgleitet ihnen das wirkliche Leben. Ecstasy-Elend offenbart sich erst so richtig nach mehreren Jahren, leider fast immer ohne Happy End. Doch ist Ecstasy selbst wohl nicht die Ober-Höllendroge, sondern der sehr häufig verbreitete Konsum von mehreren Drogen gleichzeitig oder von Gemischen in den Pillen ist es, der die größte Gefahr mit sich bringt.

Bei Ecstasy verwandelt sich die Welt um dich herum in eine schillernde Party. Am Anfang ist das ganz harmlos. Jetzt mache ich das regelmäßig, jage von einer Party zur nächsten und versuche, irgendwie noch meinen Schulabschluss hinzukriegen. Nach den Partys, wenn die Droge abklingt, bekomme ich immer Panikzustände und Todesangst. Mit meinen Eltern habe ich mich früher super verstanden, jetzt versuche ich, einen Bogen um sie zu machen. Auch mit meinen alten Freunden kann ich nichts mehr anfangen. Irgendwann möchte ich wieder ein ganz normales Mädchen sein und auch wieder die Freude an kleinen Dingen entdecken.

Kathie, 19 Jahre

Hamburger Wissenschaftler haben in der bisher größten medizinisch-psychologischen Untersuchung nachgewiesen, dass die Kultdroge XTC nicht nur bei Überdosierung tödlich ist, sondern in jedem Fall das Gehirn killt ... also eine Art »Rinderwahn für Partygänger«.

Drei Jahre lang wurden mehr als hundert »E-User« und eine halb so große Kontrollgruppe beobachtet. Die Forscher unter der Leitung des Psychiaters Dr. Rainer Thomasius kamen zu erschreckenden Ergebnissen: Ecstasy vergiftet die Gehirnnerven so stark, dass die **Schäden dauerhaft** bleiben. Die Nervenenden sterben ab. Einige wachsen zwar neu, aber zu kurz und in komischer Form. Störungen des Kurzzeitgedächtnisses und Leistungsstörungen, schwere psychische Störungen, Halluzinationen, Personenverkennung und Wahn – so lauten die Befunde des Hamburger Forschers. Manche User sollen phasenweise geistig wegtreten. Jetzt befürchtet man Langzeitschäden wie frühe Unzurechnungsfähigkeit und Orientierungslosigkeit.

»Jeder glaubt, Herr der Lage zu sein, aber auf Droge hast du immer nur den Moment im Griff«, sagt ein User. Ein Teil der Sucht liegt bereits darin, dass man **die eigene Abhängigkeit leugnet** und sich einbildet, man hätte über alles die Kontrolle. Das schaffen jedoch nur die allerwenigsten. Die meisten haben Angst, irgendwann als Penner zu enden. Denn zum Drogenkonsum kommt ja auch der **immense Geldverbrauch** hinzu. Am Anfang ist nicht der Umgang mit der Pille das Problem, sondern der Tag, die Tage nach der Party, die Schule nach der Party, das ganz normale Leben zwischen den Partys, der Stress mit den Eltern, mit der Geldbeschaffung und den Schulden. Ist ein gewisser Punkt überschritten, ist auch der **Weg in die Kriminalität** oft nicht mehr weit. Das Drama beginnt in jedem Fall mit der ersten Pille. Im letzten Akt ist jeder sechste User richtig abhängig.

ALKOHOL

Saufen bis zum Umfallen

Alkohol ist viel gefährlicher als alle anderen Drogen – dieses Argument wird, wie gesagt, gerne ins Feld geführt, um zu »beweisen«, wie harmlos andere Drogen sind. Doch das Dumme daran ist, dass viele Jugendliche zusätzlich zu anderen Drogen noch Alkohol konsumieren. Nicht wenige trinken sich jedes Wochenende ins Koma. Nach einer Studie der Gmünder Ersatzkasse wurden 2003 etwa 10.000 Jugendliche meist nach Trinkgelagen mit schweren Alkoholvergiftungen in Kliniken behandelt. Das sind doppelt so viele wie 10 Jahre zuvor.

Immer neue alkoholische Trendgetränke für Jugendliche überschwemmen den Markt – die so genannten Alkopops. Dahinter verbergen sich teure Mixgetränke aus hochprozentigem Alkohol wie Rum, Whisky oder Wodka, angereichert mit Limonade, Fruchtsäften oder Bier. Mit peppigen Sprüchen (»Die coolste Pose ist alles ...«) und coolem Design werden sie Jugendlichen als Szenengetränke angeboten, obwohl der Verkauf von Alkohol an Jugendliche in Deutschland verboten ist. Der Alkoholgehalt (bis zu 6 %) wird wegen des süß-fruchtigen Aromas häufig unterschätzt. Der Alkoholbranche hat die Erfindung der Trendgetränke einen um 5- bis 15fach höheren Umsatz beschert. Für das passende Drumherum sorgt eine ganze Reihe begehrter Werbeprodukte.

Um die Jugendlichen vor dem verführerisch süßen Alkozeugs zu schützen, wurden diese in Deutschland kürzlich mit einer Sondersteuer für branntweinhaltige Mischgetränke belegt. Darauf haben die Hersteller schnell reagiert und beispielsweise den Branntwein durch Weinalkohol ersetzt, der nicht besteuert werden muss. Das macht die Getränke nicht nur billiger, sie dürfen nun auch schon an 16-jährige verkauft werden. Das ist dann richtig etwas für »Kleine Feiglinge« ...

Getrunken haben Jugendliche schon immer, doch noch nie so exzessiv wie heute. Je doller der Rausch, desto toller die Party. Jeder dritte Jugendliche im Alter zwischen zwölf und 25 Jahren trinkt mindestens einmal in der Woche Alkohol. Das Einstiegsalter ist auch hier gesunken. Immer häufiger nuckeln schon Neunjährige an der Pulle, warnt die Deutsche Hauptstelle gegen die Suchtgefahren. Nur zehn Prozent der 14-Jährigen haben noch nie zur Bierflasche gegriffen.

Das allein ist noch kein Grund zur Sorge, das ist in deinem Alter so normal wie Streit mit den Eltern, der erste Liebeskummer, die erste Rasur oder die erste richtige Party. Alarmierend ist, dass sich immer mehr Jugendliche immer häufiger besaufen, als gäbe es kein Morgen. Der Trend heißt »Gezieltes Rauschsaufen«. Manche Cliquen treffen sich nur, um sich miteinander bis zum Pupillenstillstand voll laufen zu lassen.

Wer immer mehr Alkohol braucht, um dieselbe Stimmung zu erreichen, steht am Anfang zur Sucht. Gefährlich wird es dann, wenn der Alkohol das soziale Leben aufweicht. Der Jugendliche schafft es nicht mehr, pünktlich zur Schule, zur Lehr- oder zur Arbeitsstelle zu kommen, weil er noch nicht nüchtern ist. Häufig wacht er morgens auf und hat einen Filmriss. Er ist zunehmend gereizt und aggressiv, kommt mit Freunden, Familie und

Kollegen nicht mehr klar. Schlechtere Leistungen stellen sich rasch im Schlepptau ein.

Die Zahl der tödlichen Unfälle durch Drogen am Steuer ist dramatisch gestiegen. Alkohol spielt dabei nach wie vor die Hauptrolle. Doch immer öfter ist auch Cannabis mit im Spiel. Kiffer am Steuer – das ist längst kein Einzelfall mehr. Auch Ecstasy-User und Kokser setzen sich so selbstverständlich hinter das Lenkrad, als hätten sie grad mal ein Glas Wasser getrunken. Alle Drogen beeinträchtigen die Reaktionsfähigkeit am Steuer. Die Unfälle nach Disconächten, Raves, Moves und Dancefloors radieren Hunderte von jungen Leben aus. Die Zahl der Crashs unter Rauschgift hat sich seit 2000 mehr als verdoppelt. Besonders bemerkenswert: Unter den jungen Kiffern finden sich nach den Erfahrungen von Experten junge Leute, die auch ohne Dröhnung eine Gefahr im Straßenverkehr darstellen. Sie sind Draufgänger, die auch sonst das Risiko suchen.

KOKAIN

Die Droge der Promis

Kokain ist die schillerndste aller Drogen und war lange Zeit vor allem im Promi-Milieu zu Hause. Das weiße Pulver bietet genau die Mischung aus Gefahr und Glamour, die die Promis brauchen, um sich richtig wichtig zu fühlen. Nicht nur Kate Moss ist für ihren exzessiven Kokain-Gebrauch bekannt geworden, auch die Mode-Designerin Donatella Versace hat gerade eine Entziehungskur hinter sich. Von etlichen Popstars wird nicht einmal mehr hinter vorgehaltener Hand berichtet, dass sie sich regelmäßig eine Nase ziehen. Doch weil der Stoff inzwischen billig ist, kaum Spuren hinterlässt und schnell wirkt, wurde er auch zur Zauberdroge junger Geschäftsleute, die alle gleich gut drauf, leistungsstark und erfolgreich sein wollen.

Vor allem auch Typen aus der Internet- und Werbebranche haben häufig mit Koks zu tun, denn es steigert zunächst die Wachheit und die Leistungsfähigkeit. Sie wollen jedes Tempo mithalten können. In In-Lokalen und -Restaurants wird Koks oft unter dem Tresen gehandelt. Auch in den Discos ist es inzwischen zu Hause und wird von vielen Jugendlichen zusätzlich zu Ecstasy und Co konsumiert.

Das Kokain stammt hauptsächlich aus Peru und Kolumbien: Hier wird der Kokastrauch auf Drogenplantagen bis zu fünfmal pro Jahr abgeerntet. In den vergangenen Jahren wurde die Nachfrage immer größer. An die Stelle der zerschlagenen Drogenkartelle wie dem legendären Medellin-Kartell sind neue Zusammenschlüsse getreten – allen voran eine Guerilla-Organisation, die aus ihren illegalen Drogenerlösen Waffen beschafft. Wie auf allen Drogenmärkten regelt auch hier die Nachfrage das Angebot. Mit anderen Worten: Alle schieben sich gegenseitig die Verantwortung zu.

Doch von den gesundheitlichen Folgen redet kaum jemand. Auf die Dauer ist der Mensch nämlich unter anderem nicht für dieses schnelle Tempo geschaffen. Er kann weder pausenlos tanzen noch pausenlos arbeiten und kreativ sein, er braucht – egal wie alt er ist – seine Ruhe- und Erholungsphasen. Auch Jugendliche haben nicht plötzlich ein völlig anderes Schlafbedürfnis als vor oder nach ihrer gegenwärtigen Lebensphase. Sie brauchen etwa neun Stunden Schlaf pro Tag, eher etwas mehr. Und wer versucht jedes Wochenende mit Drogen sein

Schlafbedürfnis zu übertölpeln, holt den Schlaf nicht nur dummerweise meist in der Schule nach, sondern versetzt seinen Organismus über kurz oder lang in eine totale Erschöpfung, **einen kompletten Burn-out**.

Außerdem bleibt eine große innere Leere, ein Mangel an Selbstwertgefühl. Denn wer sich immer bedröhnt, hat am Ende das **Gefühl, ohne Stoff überhaupt nichts wert** zu sein, wie ein Roboter, dem der Strom ausgeht. »Ich begegne Drogen überall dort, wo Überlebensängste übermächtig werden«, sagt der Chef einer Werbeagentur, der viel herumkommt. Es ist schwer, sich heute als Einzelperson zu erkennen. Kokain möbelt da »wenigstens« die Fassade auf, hat ein Forscher erkannt. Koks führt zu Größenwahn gepaart mit Selbsthass, Paranoia, seelischer Abhängigkeit und schwersten Herzbeschwerden (mehr dazu auf Seite 75 ff.).

DROGEN: GEFÄHRLICHE ACHTERBAHN

WIE DROGEN WIRKEN

Der Begriff »Droge« wird heute gleichbedeutend mit dem Begriff »Rauschgift« verwendet. Oft wird der Eindruck erweckt, als handle es sich dabei um eine Erfindung der 60er-Jahre und der »Jugend von heute«. Tatsächlich aber werden Rauschdrogen seit Jahrtausenden und in allen Kulturen eingesetzt. Tiere und Pflanzen liefern meist die Rohstoffe dafür.

In sämtlichen Kulturen, die uns bekannt sind, machte man sich natürlich vorkommende Stoffe aller Art zunutze, um Ängste und Schmerzen zu lindern, Entspannung zu fördern, Langeweile zu vertreiben, Stärke und Ausdauer zu unterstützen, spirituelle Erfahrungen zu verstärken oder die Wirklichkeit vorübergehend in ein rosarotes Licht zu tauchen. Dafür verwendeten die Menschen meist einige wenige Stoffe, deren Wirkungen über Generationen bekannt waren. Herstellung und Gebrauch unterlagen fast immer streng reglementierten medizinischen, religiösen oder spirituellen Ritualen und Zeremonien. Missbrauch war kaum möglich, dazu war die Überwachung in der Gemeinschaft einfach zu engmaschig.

Heute sieht es in vielerlei Hinsicht anders aus: Fast alles, was es an Rauschdrogen auf der Welt gibt, steht heute fast allen und fast überall zur Verfügung. Die Wirkstoffe aus den berauschenden Pflanzen und anderen Naturprodukten wurden im Labor isoliert und können »in reiner

Form« chemisch hergestellt werden. Damit lassen sich auch Stoffe herstellen, die ein Vielfaches der Wirkung der Naturstoffe haben.

Ich hatte unglaubliche Halluzinationen von und beim Essen. Erdbeeren explodierten in meinem Mund und Mineralwasser wurde zu den Niagarafällen. Ich saß die meiste Zeit auf dem Klo, unfähig mich zu rühren. So habe ich mir manche Fete versaut, das fand ich echt ätzend.

Leon, 19 Jahre

Im Laufe der Jahre hat man neue Wege gefunden, um sich Drogen zu verabreichen – wie etwa die Spritze. Damit lassen sich die Mengen des Rauschstoffes erheblich erhöhen – also die Wirkung verstärken – und die Wartezeit auf die Wirkung verkürzen.

Man unterscheidet heute **weiche Drogen und harte Drogen**. Zu den weichen rechnet man vor allem Haschisch und Ecstasy, zu den harten insbesondere Heroin, aber auch Koks. Man geht davon aus: Je härter die Droge, desto schlimmer die Auswirkungen. Doch auch die weichen Drogen können körperlich und seelisch abhängig machen und zu schwerwiegenden Folgen führen. Generell lassen sich die Wirkungen von Rauschdrogen in die Kategorien *stimulierend, beruhigend, verlangsamend, Halluzinationen auslösend, psychedelisch* und *betäubend* einteilen. Je nach Reinheit und Mischungsverhältnis lösen die meisten Drogen von allem etwas aus.

Fast alle Drogen **bewirken im Gehirn einen komplizierten »Umbau«**, den wir am Beispiel von Kokain beschreiben wollen: Diese Droge verstärkt positive Gefühle, indem sie am so genannten Belohnungssystem des Gehirns ansetzt. Dieses bewertet Reize aus unserer Umgebung, die unsere menschlichen Bedürfnisse ansprechen, als positiv und angenehm. Das kann sich auf den Genuss eines Stücks Torte beziehen, eine Schmuseeinheit mit dem Haustier, eine gute Schulnote, ein Lob eines Lehrers oder das Erleben einer anregenden sexuell-erotischen Stimmung. Kokain verstärkt diese Wirkung, indem es die Konzentration des Überträgerstoffs Dopamin im Gehirn erhöht, der geradezu euphorische Zustände auslösen kann. Damit hebt es die Genussfähigkeit und lässt Angenehmes noch angenehmer erscheinen. Probleme hingegen scheinen sich in Luft aufzulösen.

Außerdem bringt die Droge das Gehirn dazu, mehr Reize verarbeiten zu können, ohne gleich in Stress zu geraten. Damit wirkt sie als Beschleuniger von Denkprozessen. Normalerweise verhindern eingebaute Bremsen, dass sich unser Gehirn damit überfordert. So scheint es, als würde man bei Kokaingebrauch vor Ideen sprühen. Deshalb hat Kokain auch den Ruf, besonders effektiv bei Menschen zu wirken, denen viel Kreativität abgefordert wird. Auf wundersame Weise entsteht das Gefühl, leistungsfähiger und schlauer als alle anderen zu sein. (Allerdings: Wo nichts drin ist, kann auch nichts herauskommen ...) Der Berauschte ist lockerer, gut gelaunt und hemmungslos, die Lust auf Sex steigt.

Das hört sich nun zwar gut an, aber es liegt auch auf der Hand, dass so ein immenser Eingriff im Gehirn nicht ohne Folgen bleiben kann. Kokain- und andere Drogenkonsumenten können nämlich auf Dauer ohne diese Verstärker-Droge überhaupt **kein normales Glücksgefühl** mehr empfinden. Das musst du dir einmal richtig vorstellen: Sich glücklich fühlen, himmelhoch jauchzend fröhlich sein – vielleicht weil man verliebt ist, eine tolle Zensur geschrieben hat, weil man sich mit der Freundin nach einem Streit wieder versöhnt hat oder weil endlich Frühling ist und die Sonne scheint ... das ist dann »einfach so« nicht mehr möglich.

Ohne weiteres Konsumieren von Stoff ist man dann nur noch kreuzunglücklich. Die Folgen sind schwerste Depressionen und seelische Abhängigkeit. Langfristig ist das Gehirn dann doch überfordert, denn es braucht ja seine Erholungszeiten. Es reagiert auf diesen Stress mit **Wahnvorstellungen**.

Natürlich wird durch diesen biochemischen Umbau auch der Körper in Mitleidenschaft gezogen. Es drohen Herzrhythmusstörungen, Herzinfarkt, Schlaganfälle oder epileptische Anfälle.

Je stärker eine Droge in dieses körpereigene »Schöne-Gefühle-Verstärkungssystem« eingreift, umso höher ist ihr Missbrauchspotenzial, wie die Fachleute sagen. Also umso schneller und wahrscheinlicher wird man von diesem Stoff abhängig.

Im Tierversuch gerieten alle bisher untersuchten Arten – Ratten, Eichhörnchen, Paviane, Rhesusaffen, Makaken, Hunde – in eine Art Exzess. Sie konnten von Kokain und Amphetaminen (Ecstasy) einfach nicht genug bekommen und starben meist schnell an den Giftwirkungen und an Entkräftung.

Der amerikanische Pharmakologe und Drogenexperte Robert M. Julien glaubt, dass diese Tatsache gegen die

Annahme sprechen könnte, alle jugendlichen Drogenabhängigen hätten bestimmte psychische Voraussetzungen für die Sucht von Haus aus mitgebracht, sondern dass es an der Droge selbst liegt.

Auch **Koffein, Nikotin und Alkohol** haben sich als positive Verstärker erwiesen – allerdings bei weitem nicht in einem solchen Ausmaß. Sie führen bei höherer Dosierung eher dazu, dass man sich übergeben muss und sich zu ekeln beginnt.

Der »Kater« führt also eher zur Abneigung, eher zum Aufhören als zum Weitermachen, außer natürlich bei Problemtrinkern, die sich aus Kummer oder Überforderung »die Birne zuziehen«.

Morphin, Heroin und andere Opoide – so führt Julien aus – zeigen im Labor einen anderen Mechanismus. Hier wird die Menge der Rauschdrogen von den Versuchstieren zwar anfänglich auch gesteigert, sie pendelt sich jedoch dann irgendwann ein. Der Forscher vermutet, dass sich hier die Lustgefühle durch den Stoff nicht weiter steigern lassen und die Droge nur weiter genommen werden muss, um die grauenhaften Entzugssymptome zu vermeiden.

Auf die Dauer verändern alle Rauschmittel das Leben ganz radikal. Denn wenn sie erst mal richtig Fuß gefasst haben, dreht sich der ganze Tagesablauf um die Droge und die Konzentration darauf, dass andere nichts von der Abhängigkeit bemerken.

Auch der Geldbedarf wird immer größer, denn der Stoff muss ja bezahlt werden. Da ist der Weg in die Kriminalität meist nicht mehr weit. Nicht wenige Süchtige beginnen dann selbst zu dealen. Das wahre Leben wird kaum noch wahrgenommen, viele erleiden einen totalen Realitätsverlust.

Mit der Steigerung unserer Sucht wurden wir ein Teil eines riesigen Netzwerkes. Wir alle hatten mindestens zehn Nummern in unseren Handys, die uns nur zur Beschaffung von Weed dienten. Als Kiffer lernt man ständig und überall Leute kennen. ... Nichts war unangenehmer als nichts zum Rauchen zu haben und sich den Anforderungen des Lebens stellen zu müssen. Die Sucht und die Verdrängung meines sozialen Denkens zerstörte meine erste Liebesbeziehung und versetzte mich in einen weltfremden Zustand.

Amon, 20 Jahre (in »Der Spiegel«)

DIE GESETZLICHE LAGE

Was sind legale, was sind illegale Drogen?

Unter legalen Drogen versteht man die vom Gesetz zugelassenen – also offiziell erlaubten – Drogen. Dazu gehören vor allem Zigaretten – genauer: Nikotin – und Alkohol. Bei allen anderen Rauschgiften sind Besitz und Weitergabe verboten. In der Grauzone befinden sich Drogen wie Haschisch und Kokain, bei ihnen ist der Konsum zugelassen, aber Besitz und Weitergabe nicht. Zu den verbotenen Suchtmitteln gehören LSD, Ecstasy, Crack, Heroin und Medikamente. Zu den zugänglichen Drogen zählen manche rezeptfreien Medikamente, Schnüffelstoffe, Magic Mushrooms und berauschende Pflanzen wie Engelstrompete, Stechapfel oder Muskatnuss.

Heftige, zum Teil erbitterte Diskussionen wurden in der letzten Zeit in der Öffentlichkeit darüber geführt, was denn ein Verbot von Drogen überhaupt nützen kann. Die

Befürworter des Verbots glauben, dass eine Aufweichung der Gesetze die Jugendlichen noch mehr gefährdet und die freie Zugänglichkeit von Drogen dem Konsum und dem Handel Tür und Tor öffnet. Diejenigen, die die Gesetze lockern wollen, wiederum glauben, dass durch eine Legalisierung der Drogen zum einen der Reiz des Verbotenen wegfällt und zum anderen der Staat mehr Kontrolle über den Handel (und damit zum Beispiel über Preise und Sauberkeit der Stoffe) ausüben könnte. An beiden Sichtweisen ist etwas Wahres. Schärfere Gesetze würden sicher dazu führen, dass Drogenkonsumenten schneller in die Illegalität abrutschen.

Doch solange hier keine Einigung erzielt wird, kommst du auf alle Fälle schnell mit dem Gesetz in Konflikt, wenn du dich auf Drogen einlässt.

Geregelt ist die Drogengesetzgebung in Deutschland im Betäubungsmittelgesetz und im Arzneimittelgesetz. Das **Betäubungsmittelgesetz** umfasst Erwerb, Besitz und Weitergabe von für gefährlich gehaltenen Stoffen (die aber zum Teil wichtig für den Einsatz in der Medizin sind – etwa Opium und Morphium für Krebspatienten, die im Endstadium unter starken Schmerzen leiden).

Dazu gehören

> nicht verkehrsfähige Betäubungsmittel, die verboten sind, ein großes Missbrauchspotenzial haben und weder verschrieben, verabreicht noch weitergegeben werden dürfen. Dazu gehören Esctasy, Heroin, LSD, DMT oder Psilocybin.

> verkehrs-, aber nicht verschreibungsfähige Betäubungsmittel. Dazu gehören zum Beispiel Ausgangs- und Rohstoffe für die Herstellung von Drogen.

> verkehrs- und verschreibungsfähige Betäubungsmittel, die von Ärzten bei bestimmten Erkrankungen verordnet werden können. Dazu gehören vor allem die Amphetamine, Rohypnol und Methadon.

Genauere Informationen über Gesetzestexte und deren Auslegung erhältst bei allen Drogenberatungsstellen oder der »Deutschen Hauptstelle gegen die Suchtgefahren« (Adresse Seite 118).

In **Österreich** werden Drogendelikte durch das Suchtmittelgesetz sowie das Österreichische Jugendschutzgesetz geregelt. Infos bei den örtlichen Jugendämtern und den Drogenberatungsstellen (Adressen Seite 123 ff.).

In der **Schweiz** ist der Umgang mit Drogen durch das Betäubungsmittelgesetz und das Schweizerische Zivilgesetzbuch geregelt. Genauere Infos erhältst du über die »Schweizerische Fachstelle für Alkohol- und andere Drogenprobleme« (Adresse Seite 127).

Die Schwere der Bestrafung bei »Zuwiderhandlung« hängt von der jeweiligen Droge, der Menge und den Umständen ab – etwa ob jemand damit handeln wollte. Der Liedermacher Konstantin Wecker zum Beispiel wurde mehrfach mit Koks erwischt und zu 20 Monaten Haft auf Bewährung verurteilt. Der ehemalige Box-Weltmeister René Weller wurde wegen Kokainhandels zu sieben Jahren Gefängnis verurteilt. Der Koch-Papst Eckart Witzigmann musste wegen Kokain eine Geldstrafe zahlen und verlor seine Koch-Konzession.

Die Höchststrafe bei Besitz einer »geringen« Menge liegt bei fünf Jahren Gefängnis oder einer Geldstrafe. Bei größeren Mengen must du mit bis zu 15 Jahren Gefängnis rechnen. Was unter »gering« verstanden wird, liegt dabei vorwiegend im **Ermessensspielraum des jeweiligen Richters**. Wenn bei dir mehr Drogen gefunden werden, als man für den »Eigenbedarf« braucht, gilt das als Absicht, die Drogen weitergeben zu wollen. Die ordnungswidrige Abgabe von Arzneimitteln wird mit hohen Geldbußen belegt und kann mit Freiheitsstrafen von einem bis zu 15 Jahren geahndet werden. Die Verurteilten gelten als vorbestraft und haben es danach in jeder Hinsicht schwerer, sei es beispielsweise dabei, sich eine Wohnung zu mieten, einen Job zu bekommen oder in bestimmte Länder einzureisen. Der Bundesgerichtshof hat kürzlich befunden: »Ecstasy ist annähernd so gefährlich wie Amphetamin und gefährlicher als Haschisch. Der Besitz einer ›nicht geringen Menge‹ wird mit bis zu fünf Jahren Gefängnis bestraft.«

Schon wenn eine Droge in der Hosen-, Hand- oder Schultasche gefunden wird, kann es zu einer Verhaftung kommen. Auch das Verschenken oder Teilen einer Ecstasy-Pille oder einer Haschisch-Zigarette ist strafbar. Ebenfalls gesetzlich nicht erlaubt ist der Anbau von Haschisch. Auch deine Eltern oder Mitbewohner können verhaftet werden, wenn bei euch eine Kleinplantage entdeckt wird oder du selbst beim Kiffen von der Polizei erwischt wirst. Natürlich darfst du auch **keine Drogen zum Verkauf anbieten**, selbst wenn du gerade gar keine dabei hast. Das gilt ebenfalls für sämtliche Utensilien. Last but not least darfst du keine Drogen aus dem Ausland einführen – so wie der 16-jährige Sohn eines deutschen Ex-Ministers, der offenbar mit einer erheblichen Menge Cannabis in einem Zug aus Richtung Niederlande erwischt wurde.

EIN »VERNÜNFTIGER« UMGANG MIT DROGEN – geht das überhaupt?

Früher funktionierte der »vernünftige« Umgang mit Drogen aller Art noch, weil der Konsum eingebettet war in **bestimmte Zeremonien** und eine Art übergeordneter Kontrolle. Nicht der einzelne entschied, wann und wie viel Drogen er nehmen wollte, sondern die dafür gebräuchlichen, auf alten Erfahrungen fußenden Regeln. Ein eindrucksvolles Beispiel ist von den Indianern bekannt: Wenn die jungen Männer in die Welt der erwachsenen Männer eingeführt – initiiert – wurden, versetzte man sie – nach einigen religiösen Ritualen – in einen rauschartigen Zustand. Dann schickte man sie für längere Zeit in die Einsamkeit der Wildnis. Die durch die Drogen »geöffneten Sinne« sollten ihnen den Zugang zur und die Zwiesprache mit der Natur und den höheren Mächten ermöglichen. Das sollte sie unter anderem **Ehrfurcht vor der Naturgewalt und den Göttern** lehren. Während die Jungen sich allein in den ewigen Weiten wähnten, wurden sie unauffällig von den erwachsenen Männern begleitet und beobachtet, damit ihnen auch ja nichts passierte.

Sicher wäre es wünschenswert, wenn es wieder gelänge, Drogen sicher, genussvoll und in Übereinstimmung mit den Jahrhunderte alten Erfahrungen in das Leben zu integrieren. Das ist aber wohl eine Utopie. Heute müssen junge Menschen, wenn sie Drogen nehmen, auf sich selbst aufpassen. Sie müssen lernen, dass es potenziell gefährliche Drogen gibt, und mit dieser Tatsache umzugehen, ohne gefährdet zu werden.

VON DER SCHÖNHEIT DES RAUSCHES – Drogen im alten Orient

Die orientalischen Fröhlichkeitspillen, deren Hauptbestandteil Opium ist, das mit anderen Ingredienzien gemischt wird, sind seit Jahrtausenden gebräuchlich. Auch heute noch sind sie für Orientalen, denen der Wein verboten ist, ein beliebtes Mittel, um die Seele in paradiesische Sphären zu entführen: »Die orientalischen Fröhlichkeitspillen sind ein fliegender Teppich, der einen an die perlenden Gestade genüsslicher Sinnlichkeit trägt. Alle Sinne werden in köstlichster Weise ins Unermessliche gesteigert. Die innere Fröhlichkeit strahlt mit dem Lächeln der Glückseligen durch den Körper, wie das Licht der Sonne die Tränen des Himmels als wunderbaren Regenbogen erscheinen lässt. Der Genuss des eigenen Körpers, des eigenen Seins und Daseins ist von einer kultivierten und feinen Beschaffenheit, die das Leben mit dem Sinn der göttlichen Ewigkeit versüßt. Die Seele küsst den Körper, tanzt mit ihm und reitet auf dem Drachen der Weisheit zu den Sternen, die wie edelsteinfunkelnde Augen der Unsterblichen blinzeln. Wie das Blut den Körper durchfließt, durchströmt der Frieden des Herzens das Weltall, das vom Atem der Götter in Liebe erstrahlt.«*

Dieser alte Lobgesang eines Orientalen auf die Fröhlichkeitspillen ist uns überliefert geblieben.

Am Beispiel Wein wiederum lässt sich prima demonstrieren, dass es durchaus so etwas wie einen vernünftigen Umgang damit gibt. In unseren Nachbarländern Italien

---

* Zitiert aus: Christian Rätsch, Pflanzen der Liebe. Aphrodisiaka in Mythos, Geschichte und Gegenwart.

und Frankreich beispielsweise gehört ein Glas Wein zu einem guten Essen dazu, aber es werden auch Unmengen von Wasser zwischendurch getrunken. Nach dem Hauptgang ist meist Schluss mit dem Wein. Dann gibt es noch einen Kaffee. Und basta così. Selten sieht man dort jemanden, der zu viel »getankt« hat. In den Weinanbaugebieten – auch in Deutschland, Österreich und der Schweiz – ist der Wein aus dem täglichen Leben nicht wegzudenken und der maß-, aber genussvolle Umgang damit wird schon Kindern unter der Kontrolle der Eltern beigebracht. Gleichzeitig lernen sie die Kostbarkeit dieses Getränkes und die Einzigartigkeit mancher Weine kennen. Da der Wein dort Generationen von Familien ernährt, gesellt sich oft auch die Dankbarkeit für einen gesegneten Jahrgang dazu. Es ist also nicht verboten, wenn größere Kinder und Jugendliche mal am Weinglas nippen – insofern hat der Rebensaft auch nicht **die Aura des Unerlaubten**, man muss ihn nicht heimlich ausprobieren und dabei über die Stränge schlagen. Unter diesen Voraussetzungen hat der maßvolle Konsum von Alkohol vor allem etwas mit Genuss zu tun.

Generell lösen die meisten Drogen zunächst ein Wohl- oder Hochgefühl aus – egal ob es das leichte Taumelgefühl nach dem ersten Zug an der Zigarette ist, das anregende Gefühl im Bauch und die angenehme Schwäche nach dem ersten kräftigen Schluck Bier oder Wein, **das Gefühl, man könnte die ganze Welt umarmen,** bei Ecstasy, die intensiven Farbbilder bei einem Trip oder die wohlige Ruhe, die sich beim Kiffen von Haschisch oder nach der Einnahme bestimmter Medikamente einstellen kann.

Doch das muss nicht so sein. Der Rausch kann auch nach hinten losgehen: Alle Stimulanzien können auch so genannte schlechte Trips auslösen und zu einem **Horror-**

erlebnis werden, das man ewig nicht wieder loswird. Am gefürchtetsten sind Flashbacks, nachwirkende Effekte eines Drogenrausches, die noch monatelang auftreten können und ganz intensiv die negativen Erlebnisse und Gefühle wieder aufleben lassen.

Alle Drogen verursachen wie Alkohol eine Art **Katerstimmung in Körper und Seele**, die als »wieder runterkommen« bezeichnet wird. Am häufigsten werden dabei Angst, Übelkeit, Depressionen, schlechte Stimmung, Schlappheit, Apathie und Kopfschmerzen genannt, bei regelmäßigem Drogenkonsum auch Verfolgungswahn und Panikattacken. Je mehr Drogen jemand konsumiert hat, desto tiefer stürzt er ab. Je häufiger jemand Drogen nimmt, je weniger Zeit der Körper hat, sich zu erholen, desto schwerwiegender werden die Absturzsymptome. Bei Kokain zum Beispiel kann sich ein Gefühl der Leere einstellen, das immer schlimmer wird (»the light is on but nobody is in ...«).

Auch die Dauer des Runterkommens steigert sich mit der Zeit, es kann sogar etliche Tage dauern. Bei manchen reicht das aus, um auf die Drogen generell zu verzichten oder den Konsum erheblich zu reduzieren.

Die Frage, ob es einen **vernünftigen Umgang mit Drogen** geben kann, kann bis heute nicht wirklich beantwortet werden, denn niemand kennt im Einzelfall den Mix aus Gründen, der zum Drogenkonsum führt, niemand weiß, wie der einzelne Mensch auf bestimmte Stoffe reagiert – zumal es heute anders sein kann als morgen, niemand weiß wirklich, wo im Einzelfall der Spaß aufhört und die Sucht anfängt. Selbst beim »kontrollierten Konsumieren« kann es immer wieder zu gefährlichen und auch tödlichen Zwischenfällen kommen.

Am besten ist es deshalb immer noch, wenn man die Hände gänzlich von allen Drogen lässt. Doch da das wohl ziemlich unrealistisch ist, solltest du zumindest einige Vorsichtsregeln beherzigen. Wie du dich wappnen kannst, steht im Kapitel *Tipps für den Umgang mit Drogen und Drogensüchtigen* ab Seite 96.

ALLE TUN'S – warum nicht auch ich?

Mit den Drogen ist es in deiner Altersgruppe wahrscheinlich in mancherlei Hinsicht so ähnlich wie mit dem Sex: Es wird unheimlich viel gemogelt und geprahlt. Die tollsten Geschichten über »wer mit wem, wo und wie oft« stellen sich nicht selten als Münchhausen-Geschichten heraus. Auch beim Drogenkonsum hört man Unglaubliches über Bilder, Visionen und Erlebnisse. Vieles davon ist aber nur »geklaut«, um sich wichtig machen zu können. Wenn du bislang gut um Drogen herumgekommen bist, kannst du dich glücklich preisen. Es ist auf alle Fälle kein Grund, sich irgendwie rückständig, wie ein Landei oder Spießer zu fühlen, weil du clean geblieben bist. Sich ohne Hilfsmittel prima und gut drauf zu fühlen, ist nach wie vor der tollste Zustand, in dem man sich befinden kann.

Du musst andere wirklich nicht um ihre Drogenerfahrung beneiden. Vergiss nicht, dass sie nicht nur ihre Gesundheit riskieren, sondern **mit einem Bein im Gefängnis** stehen, wenn sie mit Drogen erwischt werden. Und dann weiß man ja auch nie, wie sich die Drogen auswirken. Das eine Mal kann es zwar toll sein, das andere Mal aber ein Horrortrip. Das Runterkommen bzw. die drogenfreie Phase wird von den meisten Usern einhellig als schrecklich beschrieben. Nicht nur körperlich, sondern auch seelisch leiden manche von ihnen Höllenqualen. Oft hinterlassen Drogen **Depressionen und Lebensmüdigkeit**. Und letztlich machen sie abhängig und können auch tödlich wirken – zumal man heute nie weiß, wie sauber der Stoff ist, den man da hat. Auf alle Fälle hinterlassen sie alle bleibende Schäden.

Warum ist es trotzdem manchmal so schwer, »Nein« zu sagen, magst du dich fragen. Die Antwort darauf hängt davon ab, wie empfänglich du für Versuchungen bist und ob du eher ein stärkerer oder eher ein labilerer Typ bist. Je mehr andere spannende Dinge du zu tun hast, umso weniger anfällig wirst du für Drogen sein. Wenn du dich auf etwas konzentrierst, das dir Spaß macht oder dich weiterbringt, oder wenn du intensiv Sport treibst, dann möchtest du sehr wahrscheinlich gerne einen **klaren Kopf behalten** und deine Zeit nicht mit Abhängen oder Horrornachwirkungen von Drogen verschwenden, sondern wirklich etwas erleben.

Je mehr du über Drogen weißt, umso besser ist das für dich. Dann kann dir nämlich niemand etwas erzählen, was du nicht schon weißt. Und du lässt dir auch nicht von anderen einreden, wie cool es doch sei, Drogen zu nehmen. **Wenn andere dich unter Druck setzen**, denk daran, dass diejenigen, die dich dazu überreden wollen, es nicht gut mit dir meinen, sondern wahrscheinlich nur jemanden brauchen, der auch Drogen nimmt, damit sie selbst sich besser fühlen. Wenn sie dir das Gefühl geben, mit dir würde etwas nicht stimmen und du seist ein Außenseiter, dann sind in Wahrheit sie es, mit denen etwas nicht in Ordnung ist.

Stell dir nur mal diesen Irrwitz vor: Eines der am

häufigsten verwendeten Argumente für den Drogenkonsum ist, dass man sich dabei frei fühlt ... und dann sollst du nicht die **Freiheit haben, »Nein« zu sagen** und wirklich frei zu bleiben? Überleg dir mal, wie absurd das ist! Manche finden es auch einfach schick, etwas Illegales zu tun. Da ist es mit der Freiheit dann auch nicht mehr so weit her, oder? Freiheit erlangst du nicht durch Drogen, sondern durch die Freiheit deines Denkens und Handelns.

Wenn du wirklich keine Drogen nehmen willst, dann **versuche stark zu bleiben**. Orientiere dich an Freundinnen und Freunden, die auch keine Drogen nehmen. Wenn du dazu neigst, schwach zu werden, suche dir vielleicht besser einen anderen Freundeskreis, in dem Drogen keine Rolle spielen. Inwieweit du die Orte meiden kannst, an denen du mit Drogen in Berührung kommen könntest, musst du von Fall zu Fall entscheiden. Es wird wohl nicht immer möglich sein, denn zum Beispiel kannst du ja nicht ständig die Schule wechseln, niemals in eine Disco gehen oder nur zu Hause hocken. Wenn du irgendwo nicht mit hin willst, dich aber nicht traust, es zu sagen, erfinde ruhig eine Ausrede. Notlügen zum Selbstschutz sind unbedingt erlaubt!!!

Ob und wie stark du gefährdet bist, hängt in erster Linie von deiner Fähigkeit ab, **deine eigenen Bedürfnisse zu erkennen,** dich persönlich und unmittelbar mit deinen Problemen, Wünschen, Ängsten und Gefühlen auseinander zu setzen, eigene Grenzen zu ziehen und bei Konflikten nach echten Lösungsmöglichkeiten zu suchen. Diese innere Stärke wird dein ganzes Leben lang in allen Bereichen für dich wichtig sein.

MIT DIESEN SELBSTBESCHWÖRUNGSFORMELN KANNST DU DICH STARK MACHEN:

> **Gib deiner Persönlichkeit genügend Raum!** Persönlichkeit macht stark gegen Drogen. Doch sie wird dir nicht geschenkt, du musst sie dir erarbeiten. Versuche deshalb, deinen Geist in Bewegung zu halten. Lerne, was du nur lernen kannst. Verleih deinem Temperament, deiner seelischen Verfassung, deiner Freude am Leben und deinem Humor stärkeren Ausdruck. Das formt deine Persönlichkeit und deinen Charakter ebenso wie deine Erfahrung. Konzentriere dich auf deine Stärken. Sieh es dir nach, wenn du nicht immer perfekt bist und nicht immer alles auf Anhieb schaffst. Das ist völlig natürlich. Manche Menschen sagen sogar, sie hätten durch die Täler des Lebens am meisten hinzugewonnen. Eines musst du klar sehen: Menschen, die eine Persönlichkeit entwickelt haben, können sich nicht stromlinienförmig durch das Leben bewegen. Sie beziehen Stellung – und eben auch gegen Drogen –, sie werden gehört und nicht übersehen, sie mischen sich ein, ecken an, aber sie bewegen etwas, zumindest aber sich selbst.

> **Denke dich in Harmonie!** Jeder gute Gedanke bestimmt mit, ob du dich rundum gesund und stark gegen Drogen fühlst oder nicht. Wer schlechter Dinge ist, löst im Körper nämlich eine ganze Kaskade von negativen Reaktionen aus, die schädliche Auswirkungen auf alles haben können, was wir tun und lassen, wie wir uns fühlen, welchen Einfluss wir auf unsere Umwelt ausüben, aber auch welchen Einfluss diese auf uns nehmen kann. Wer mit sich nicht im Reinen ist, bietet Drogen mehr Angriffspunkte als jemand, der sich in – relativer –

Harmonie mit sich selbst befindet. Auch andere Menschen werden negativ beeinflusst, wenn deine innere Balance nicht stimmt!

> **Glaub nicht daran, dass du vom Unglück verfolgt wirst!** Wenn andere klagen oder sich vergraben – vielleicht im schlimmen Tief zwischen den Highs –, sage dir, dass du stark bist, dass du gesund bist und es auch bleiben wirst, dass das Glück dir wohlgesinnt ist. Das gibt Körper, Geist und Seele die nötige Power, sämtliche Kraftquellen zu mobilisieren und gegenüber der Versuchung stark zu bleiben.

> **Wehre dich rechtzeitig gegen Unheil!** Selbst wenn dich etwas an deinem Leben stört und/oder du dich von Drogen bedroht fühlst, kannst du mental dagegen ankämpfen. Du kannst dem drohenden Unheil mit positiven Gedanken die Spitze nehmen und das Abwehrsystem anreizen, sich gegen Eindringlinge zu wehren. Du musst dir vor allem immer wieder vorstellen, dass du die Kraft besitzt, Schädlinge und schädliche Substanzen aus deinem Körper und deinem Leben zu vertreiben, und dass sie keine Macht über dich haben.

> **Sei nicht cool, sondern drücke deine Gefühle aus!** Wenn dich etwas bedrückt, dann tu bloß nicht so, als ob du total cool wärst und dich überhaupt nichts erschüttern würde. Damit trainierst du dir lebenswichtige Gefühle ab. Stell dich ihnen lieber, sprich sie aus und versuche, Probleme zu lösen, statt sie hinunterzuschlucken. Unbewältigter Stress und hinuntergewürgte Gefühle beeinflussen dich nämlich auch negativ. Also weine, wenn du traurig bist, sei wütend, wenn du Ärger

hast, und tobe, wenn du sauer bist! Je eher diese Spannungen abgebaut werden, umso besser ist das für deine Ausgeglichenheit. Natürlich machst du es mit guter Laune und Glücksgefühlen ebenso: Lache, wenn du fröhlich bist, und umarme die Welt, wenn du glücklich bist! Und stecke möglichst viele andere Menschen damit an.

> **Nimm Herausforderungen an!** Es gibt für alle Probleme und Konflikte Lösungen und Auswege. Du musst das nur wollen! Sich im Kreise zu drehen und womöglich dabei auch immer noch über dasselbe zu klagen, ist schädlich und bringt dich keinen Millimeter weiter. Wer das Gefühl hat, dass es nichts gibt, was sich nicht bewältigen lässt, stärkt seine inneren Kraftquellen und körperlichen Abwehrkräfte. Ich kann, was ich will, lautet die magische Formel.

> **Formuliere deine Ziele!** Du solltest dir sehr genau überlegen, wann du dich wofür einsetzen willst. Nimm dir nicht zu viel vor und setz dann das, was du dir vorgenommen hast, auch wirklich in die Tat um. Grenze dich von den Dingen und Personen ab, die schädlich für dich sind. Sage laut und deutlich »Nein«, wenn du etwas nicht willst. Du musst nichts tun, wozu du nicht bereit bist oder dich gezwungen fühlst!

> **Verwöhne dich selbst!** Lege, wann immer es geht, ein Verwöhnprogramm für dich selbst ein. Schenk dir selbst Zeit, nimm ein Entspannungsbad, geh in die Sauna, bolze mit Freunden, tanze, leg eine Laufrunde ein, geh schwimmen, höre in Ruhe Musik, mach einen Spaziergang, lies ein spannendes Buch – das alles macht

dich stark und pusht deine innere Harmonie. Darüber hinaus solltest du, wann immer es geht, deinen »Hintern bewegen«. Wer sich regelmäßig bewegt, fühlt sich fit und energiegeladen. Wer sich zu bewegen weiß, fühlt sich sicherer und selbstbewusster, er sieht alles lockerer und humorvoller.

> **Genieße dein Leben!** Genieße jeden Moment deines Lebens. Wenn du dich gestresst fühlst, versuche dir bewusst Ausgleich zu schaffen. Das ist Gold wert. Das Leben zu genießen und auch das kleine Glück zu schätzen – das kann man lernen! Und dadurch werden auch körpereigene Glücksstoffe freigesetzt. Du bist auf nichts anderes von außen angewiesen!!!

JUST FOR FUN?

Gründe für den Griff zur Droge

Hamburger Untersuchungen zufolge sind **Drogenkonsumenten** oft ich-schwache Schüler, die Probleme mit der Kommunikation und ein eher wenig ausgeprägtes Selbstbewusstsein haben. Das synthetische Glück gibt ihnen Stärke, inneren Frieden und die Nähe zu anderen Menschen. Im Gegensatz zu Heroinsüchtigen, die oft gerne von der Droge wegkommen wollen und es nicht schaffen, will beispielsweise von den XTC-Dauerkonsumenten kaum einer auf seine Glückskrücke verzichten – zumindest in der ersten Zeit. Woran liegt das? Die Ursachen dafür, dass jemand zur Droge greift und abhängig wird, sind **so vielfältig wie die Menschen**, die das betrifft. Da sind zum Beispiel gestörte familiäre oder allgemein angeknackste zwischenmenschliche Beziehungen, Leistungsdruck und Versagensängste in Schule und Beruf, Arbeitslosigkeit, Stress, Überdruss, das Einerlei des Alltags und zunehmende Vereinsamung, zu enge Wohnverhältnisse, das Fehlen familiärer Rituale. Bei Jugendlichen kommen als Auslöser noch altersgemäße Identifikationsschwierigkeiten und **Konflikte mit den Eltern** hinzu. Ebenso wie Experimantierfreude und Abenteuerlust. Und natürlich ist auch das berühmt-berüchtigte Coolsein – tun, was die Clique tut – manchmal ein Anlass. Drogenmissbrauch kennt keine Grenzen. Es ist ein Irrtum, zu glauben, dass nur Kinder aus sozial niedriger stehenden Familien anfällig sind.

Außerdem verspüren immer mehr Heranwachsende das Gefühl von Leere und **Langeweile**. Nicht wenige stammen aus so genannten Konfliktfamilien, in denen es ständig zwischen den Eltern kracht, wo Arbeitslosigkeit den Tag diktiert, wo Gewalt und Suff zu Hause sind. Viele finden, das Leben böte ihnen nichts – keine Anregungen, keine Spannung, keine Zukunft, nur Verdruss und Aussichtslosigkeit. In der pessimistischen Grundstimmung, in der sich unsere Gesellschaft heute befindet, ist dies kaum ein Wunder. Kinder, die an einer Leistung Spaß haben und dafür Anerkennung erhalten, sagt man, sind nicht so stark gefährdet wie jene, die am Rand stehen und **das Gefühl** haben, **nicht mithalten zu können**. Außerdem übt die Gruppe, in der sich ein Heranwachsender bewegt, einen zunehmend größeren Druck aus, denn viele nabeln sich in dieser Hinsicht heute schon eher als früher von ihren Eltern ab. Sie brauchen aber dennoch den Schutz und den Halt der Gruppe. Außerdem reagieren Jugendliche auch sehr empfindlich auf die Botschaften Erwachsener wie z. B. die Sportler-Kampagne »Keine

Macht den Drogen« in Deutschland, wenn plötzlich deutlich wird, dass sich viele gar nicht danach richten, was sie selbst in der Öffentlichkeit sagen. Diese Art der halbherzigen Anti-Drogen-Appelle ist rausgeworfenes Geld.

Die wichtigste **Vorsorgemaßnahme** gegen Drogenmissbrauch scheint es zu sein, Kinder von klein auf zu selbstbewussten und starken Menschen zu erziehen. Es liegt auf der Hand, dass das Vorbild der Eltern dabei eine ganz wesentliche Rolle spielt. Drogen und Sucht sind in unserer Gesellschaft allgegenwärtig. Eltern unterliegen ihnen manchmal selbst, ohne dass ihnen das so recht bewusst ist. **Diät-, Kauf- oder Fernsehsucht** etwa konkurrieren mit dem leichtfertigen Griff zur Beruhigungspille, zum Drink oder zur Zigarette. Eltern müssen zunächst ihr eigenes Verhalten kritisch hinterfragen. Wer selbst raucht, wird seine Kinder nicht glaubhaft vom Rauchen abhalten können. Wenn Mami und Papi Kiffen nicht so schlimm finden oder gar sich selbst regelmäßig eine Tüte bauen, werden sie ihr Kind kaum dazu bringen, verantwortungsvoll mit Drogen umzugehen. Andererseits werden beispielsweise fanatische Anti-Drogen-Kämpfer auch nicht viel ausrichten können, denn sie locken bloß Widerspruch hervor.

Solange ich im Musikgeschäft bin, wird Koks mich finden. Geldnot garantiert. Da helfen keine Fluchtversuche, denn du bist ein echter Außenseiter. Wenn Kokain da ist, steigt die Party. Alle Menschen werden Brüder – Brüder von Schwatzsucht, Prahlerei und Sentimentalität.

Meinhard, 21 Jahre

Viele Kinder ziehen zu Hause auch falsche Schlüsse aus dem Verhalten ihrer Eltern: Wenn Mutter oder Vater sagt: »Ich hatte heute einen so anstrengenden Tag im Job, ich brauche jetzt erst mal einen Drink«, erleben sie den **Griff zum Glas automatisch als Entspannungsmaßnahme**. Wenn es jedes Mal gleich Alkohol gibt, wenn Bekannte zu Besuch kommen, lernen sie, dass Geselligkeit mit Trinken verbunden ist. Wenn Mama bei jedem Wehwehchen sofort eine Pille zückt, begreifen sie, dass man Schwierigkeiten und Probleme einfach wegschlucken kann. Wer seinen Kindern nicht vorlebt, **wie man richtig mit Stress umgeht**, wie man sich keinen unnötigen Stress macht, wie man für Probleme Lösungen findet, statt sie mit Alkohol zu verdrängen, und wie man sich ohne Griff zur Droge entspannen kann, der schafft eher die Voraussetzungen dafür, dass auch die Kinder sich so verhalten. Wer wollte ihnen das übel nehmen? Sie kennen ja nichts anderes.

Es reicht heute einfach nicht mehr aus, nur »Nein« zu Drogen zu sagen. Zudem führt der Drogen-Komsum inzwischen auch ein gewisses Eigenleben. Früher nützte es schon, wenn man sich von bestimmten Plätzen fern hielt. Heute gibt es Drogen in Schulen, in Discos, auf Tanzpartys und in Fitnesscentern.

Den meisten Jugendlichen sind die Risiken des Drogenkonsums ohnehin bewusst. Denn es wird ja nicht mehr hinter vorgehaltener Hand darüber gesprochen. Je mehr Kids in deiner Umgebung beispielsweise auf Pille sind, je »normaler« es wird, desto mehr Kids werden die Droge auch ausprobieren, ohne dass sie damit Probleme überlagern müssen. Viele wollen sich einfach mehr oder weniger bewusst »zudröhnen«.

WIE SAG ICH'S MEINEN ELTERN?

Die Befürchtung, dass das eigene Kind drogensüchtig werden oder sein könnte, gehört mit Sicherheit zu den schlimmsten Ängsten von Eltern. Denn das wollen sie natürlich auf keinen Fall, auch wenn sie selbst vielleicht eine gewisse Erfahrung mit Cannabis haben. Sie können ihr Kind heute ja auch gar nicht mehr davor schützen, dass es mit Alkohol und Drogen in Berührung kommt. Aber »zu ihrer Zeit« war das eben noch anders. Da wurden Drogen an solchen Orten gedealt und konsumiert, mit denen der normale Jugendliche meist gar keinen Kontakt hatte. Der »Stoff« war oft wesentlich harmloser. Da brauchte sich auch fast niemand großartig zur Wehr zu setzen.

Das Angebot heute aber ist so allgegenwärtig und vielfältig und wandelt sich so rasch, dass nur wenige Eltern sich überhaupt noch orientieren können. Sie wissen schlicht nicht, was es alles wo gibt, denn das ist nicht ihre Welt. Deswegen können sie ihr Kind nicht mehr auf eine Welt ohne Drogen vorbereiten, sondern sie müssen es **fit machen für eine Welt, in der Drogen angeboten werden**. Wenn ihr Kind diese ausprobieren will, werden sie es kaum davon abhalten können. Das macht vielen Eltern Angst. Deswegen wollen sie bei der Frage danach, ob du oder jemand, den du kennst, Drogen nimmt, natürlich am liebsten einfach nur das Wörtchen »nein« hören. Dafür solltest du Verständnis haben.

Am besten erklärst du ihnen, was du über Drogen weißt. Damit hilfst du dir und ihnen. Viele Eltern kennen ja nur Cannabis und Horrorgeschichten über andere Drogen und malen deshalb vielleicht gleich den Teufel an die Wand. Fang doch einfach mal damit an, sie daran zu erinnern, dass es für fast alle Erwachsenen selbstverständlich ist, Kaffee und Tee zu trinken, zum guten Essen ein Glas Wein zu sich zu nehmen, und für viele von ihnen, danach eine Zigarette oder Zigarre zu rauchen. Kaum jemand denkt daran, dass es sich hierbei auch um Drogen handelt. Alkohol und Nikotin sind die am weitesten verbreiteten legalen Drogen. Dieses »Teufelszeug« kann Genuss bereiten und es kann so gefährlich wie alle anderen Drogen.

Doch wo fängt Sucht und Missbrauch an, wo hört der genuss- und maßvolle Umgang auf? Der Übergang vom reinen Konsum, vom Genuss zum Missbrauch und damit zur **Abhängigkeit** ist so fließend, dass er sich zunächst kaum bemerkbar macht. Wenn du dich mal unter den Bekannten deiner Eltern umschaust, wirst du wahrscheinlich etliche finden, die Probleme mit dem Alkohol haben oder sich eine Zigarette nach der anderen anstecken – ohne dass ihnen dies wirklich als Sucht bewusst wird. Einer der Trugschlüsse jeder Abhängigkeit ist die Illusion der Selbstkontrolle: »Ich kann ja jederzeit damit aufhören!«, das bekommt man regelmäßig zu hören. Das ist jedoch an sich schon ein Zeichen für eine bestehende Sucht und bei fortschreitender Abhängigkeit gewaltiger Quatsch.

Der Realitätssinn wird nämlich zunehmend ausgeschaltet, die Kritikfähigkeit schwindet, die Ehrlichkeit im Umgang mit sich selbst und anderen ebenfalls. Die ganze Wahrnehmung ist verzerrt. Krass ausgedrückt: **Lügen und Täuschungen gehören zur Sucht**. Deswegen sollte man nicht der Versuchung erliegen, einem Suchtkranken zu glauben, er hätte seine Sucht im Griff. Sicher kennen deine Eltern hierfür auch eine Reihe von Beispielen aus ihrer eigenen Erfahrung. Das ist ein guter Ansatz, um mit ihnen über Ängste, Missverständnisse und Kümmernisse in Bezug auf Drogen zu sprechen.

Wenn du nun im Verlauf eures Gespräches erzählen willst oder musst, dass du selbst Drogenerfahrung hast, solltest du die Sorgen deiner Eltern verstehen können. Sie machen sich diese ja nicht (nur), weil sie spießig oder sonst wie sind, sondern sie fühlen die **Verantwortung für dich**, deine Gesundheit und dein Leben. Und das ist etwas ganz Tolles – selbst wenn dir ihre Fürsorge in diesem Lebensalter manchmal mächtig auf die Nerven geht. Denk mal darüber nach, wie du reagieren würdest, wenn du an ihrer Stelle wärst. Du würdest höchstwahrscheinlich nicht ruhig zusehen, wie dein Kind sich selbst gefährdet, oder? Trotzdem ist es nicht unwahrscheinlich, dass sie sehr enttäuscht sind und dir vielleicht anfangs auch Vorhaltungen machen oder dich beschimpfen.

Wenn es aus irgendeinem Grund zu keinem richtigen Gespräch zwischen euch kommt, solltest du dir eine andere **erwachsene Vertrauensperson** suchen, mit der du dich aussprechen und vielleicht auch Lösungswege suchen kannst. Deinen Eltern könntest du anbieten, mit ihnen gemeinsam herauszufinden, was du an Drogen so interessant findest und was du als Ersatz unternehmen könntest. Du kannst ihnen versprechen, vorsichtig zu sein und nie Drogen zu konsumieren, wenn du allein oder mit Fremden zusammen bist, nie mit Drogen zu dealen oder niemals Drogen miteinander zu vermischen. Eines kannst du jedenfalls nicht erwarten: dass deine Eltern sich daran gewöhnen oder es gar normal finden, wenn du Drogen nimmst. Freu dich, wenn deine Eltern sich Sorgen machen, wenigstens hast du Eltern, denen es nicht egal ist, was aus dir wird. Darum sollte es dir auch nicht egal sein!

Wenn ihr nicht offen miteinander sprechen könnt und deine Mutter (bzw. deine Eltern) Verdacht schöpft, dass du irgendwelche Drogen nimmst, kann es sein, dass sie dein Zimmer filzt. Auch wenn dir das unangenehm ist oder du befürchtest, entdeckt zu werden, denk daran, dass sie das nicht tut, um eine üble Kontrolle über dich auszuüben, sondern weil sie sich ernsthaft Sorgen macht. Wenn du nichts mit Drogen am Hut hast, fühlst du dich wahrscheinlich zu Unrecht gefilzt. Am besten versuchst du mit deiner Mutter zu sprechen. Wenn ihr zur Zeit eher Zoff miteinander habt, könntest du dir überlegen, ob du nicht eine Vertrauensperson kennst, die zwischen euch vermitteln könnte. Das Wichtigste ist, dass ihr miteinander im Gespräch bleibt.

WAS VERSTEHT MAN UNTER »CO-SUCHT«?

Aus der Alkoholsucht-Behandlung kennt man ein Phänomen, das man Co-Sucht genannt hat. Es betrifft den Partner oder die Familie von süchtigen Menschen. Man geht nämlich davon aus, dass es »Mit-Süchtige« gibt, die durch ihr Verhalten die Drogensucht des anderen fördern – ohne es zu merken und ohne es zu wollen. Fachleute halten diese Co-Abhängigkeit heute für **eine Art psychischer Erkrankung**, die ebenso behandelt werden muss wie die Sucht selbst. Man glaubt, dass ein Süchtiger von seiner Sucht nicht wirklich befreit werden kann, solange ein ihm nahe stehender Co-Abhängiger eben mit-süchtig ist.

Dafür nennt die amerikanische Co-Sucht-Spezialistin Anne Wilson Schaef mehrere Gründe. Co-Abhängige, sagt sie, finden sich selbst nicht so wichtig und finden ihre Bestätigung in dem anderen und der Tatsache, dass sie **sich für ihn aufopfern**. Sie wissen oft nicht, wo sie selbst anfangen und der andere aufhört und umgekehrt, und übernehmen alle Empfindungen und Gefühle des anderen für sich. Zusätzlich neigen sie dazu, dessen Suchtverhalten vor Außenstehenden zu vertuschen. Und sie denken, dass sie für den Süchtigen unentbehrlich sind, weil sie ihn doch schließlich schützen. Dafür sind sie notfalls bereit zu schwindeln, ja sogar zu lügen. Den Part des Märtyrers zu übernehmen ist die beste Voraussetzung in diesem gemeinsamen Spiel. Frauen neigen im Übrigen ganz besonders zu solchem Verhalten, das sie auf lange Sicht selbst krank machen kann.

Co-Abhängigkeit gibt es natürlich auch bei jungen Menschen in ihren Beziehungen und in ihrem Freundeskreis. Deswegen haben wir dieses Thema hier mit aufgenommen. Wenn einer deiner Freunde und/oder Freundinnen drogensüchtig ist und du das Gefühl hast, du seist auf irgendeine unheimliche Weise mit seiner/ihrer Sucht verbunden – etwa indem du ihm oder ihr immer wieder Geld leihst oder versucht bist, die Lügen dieses süchtigen Menschen zu glauben, dann solltest du dir selbst **Hilfe suchen**. Die Anonymen Alkoholiker beispielsweise betreiben eigene Gruppen für Co-Abhängige. Es lohnt sich, sich einmal zu erkundigen, ob und wo es Therapie-Angebote für deinen Fall gibt (Adressen siehe ab Seite 118).

KÖRPEREIGENE DROGEN

Die törnen jeden an!

Wir haben es eigentlich gar nicht nötig, Drogen zu konsumieren, denn unser Körper bildet selbst Stoffe, die high machen: die Endorphine. Chemisch betrachtet sind sie mit dem Opium verwandt. Auch ihre Wirkung ist vergleichbar. Endorphine vertreiben Kummer und machen glücklich – bis hin zur rauschartigen Ekstase. Man kennt diesen Zustand vor allem von Läufern. Bei ihnen nennt man ihn **»Jogger's High«** – er tritt nach etwa zehn bis 15 Kilometern ein. Es sei ein Gefühl wie bei einem Marihuana-Rausch, sagen Eingeweihte. Und das völlig umsonst und dabei auch noch gesund! Joggen wird deshalb unter anderem therapeutisch bei Depressionen eingesetzt. Auch bei anderen Tätigkeiten stellt sich dieses High ein, bei anderen Sportarten, beim Wandern in der Natur, bei der Gartenarbeit und immer dann, wenn du über irgendeiner Beschäftigung die Zeit komplett vergisst und dich einfach nur wohlfühlst.

Doch der Körper sorgt noch mit einer ganzen Reihe von anderen Stoffen für unser Wohlbefinden. Einer davon ist das Noradrenalin, das etwa beim Tanzen ausgeschüttet wird. Ein anderer ist das Oxytocin, das wir bilden, wenn wir mit jemandem kuscheln oder Sex haben. Es stimmt uns friedlich und glücklich, macht uns zärtlich und froh. Das Hormon Serotonin sorgt dafür, dass wir gut schlafen können. Acetylcholin macht uns schlau und kreativ. Die Palette der körpereigenen Drogen steht den illegalen in nichts nach. Wenn wir einigermaßen gesund leben, bekommen wir sie ohne Suchtgefahr zum Nulltarif. Das ist Fun schlechthin. Und noch etwas: Echte gute Laune steckt an!

WAS DU ÜBER DIE EINZELNEN DROGEN WISSEN SOLLTEST

ALKOHOL

Neben Nikotin ist Alkohol die zweite »legale« Droge bei uns. Er ist praktisch immer und überall erhältlich. Deutschland gehört im internationalen Vergleich zu den Spitzenreitern beim Alkoholkonsum. Man rechnet damit, dass dieser bei 9,3 Millionen Bundesbürgern im gefährlichen Bereich liegt. Auch unter Heranwachsenden verbreitet sich der Missbrauch dieser Droge: Die Zahl der Jugendlichen, die wegen einer Alkoholvergiftung in die Klinik gebracht werden mussten, hat sich in den vergangenen Jahren vervielfacht.

Alkohol hat eine lange Geschichte: Schon in der Zeit vor Christi Geburt kannten einzelne Völker die berauschende Wirkung vergorener Früchte. Die Kunst des Bierbrauens war den Sumerern bereits vor 5.000 Jahren geläufig, auch beim Bau der Pyramiden floss reichlich Alkohol. Wein wurde erstmals um 3500 v. Chr. in einem ägyptischen Papyrus erwähnt. Im Zuge der Industrialisierung im 19. Jh. n. Chr. verbreitete sich der Genuss von Alkohol mehr und mehr, denn die Herren sorgten dafür, dass ihre Untergebenen diesen regelmäßig als Naturallohn bekamen, unter anderem weil er sie gefügiger und belastbarer machte. In den USA wurde der Alkohol Anfang des letzten Jahrhunderts verboten. Diese so genannte Prohibition (1919/20 bis 1933) sorgte dafür, dass der Schwarzmarkt blühte und der Alkoholhandel in die Hände von Kriminellen fiel – so wie heute der Markt der illegalen Drogen.

> Die Droge

Zuständig für die berauschende Wirkung ist Äthylalkohol, ein giftiger Kohlenwasserstoff. Er entsteht durch die alkoholische Gärung, bei der Zucker in Alkohol und Kohlendioxid gespalten wird. Alkoholische Getränke werden hauptsächlich aus Weintrauben, Obst und Getreide hergestellt.

> Der Rausch

Die Wirkung des Alkohols hängt von der getrunkenen Menge, dem Alkoholgehalt des Getränks und dem Geschlecht und Gewicht des Trinkenden ab. Je weniger jemand wiegt, umso stärker wirkt der Alkohol. Mädchen vertragen weniger als Jungen. Die Leber braucht ungefähr eine Stunde, um ein Glas Wein oder Bier abzubauen. In Maßen wirkt Alkohol anregend, aktivitäts- und kommunikationsfördernd, Hemmungen werden abgebaut, die Stimmung steigt. In kleinen Mengen ist Alkohol insbesondere in Form von Bier und Wein sogar gesund und schützt das Herz. In größeren Mengen dämpft Alkohol das zentrale Nervensystem und macht müde. Häufig stellt sich eine gesteigerte Aggressions- und Gewaltbereitschaft ein, Streit und Schlägereien unter Alkoholisierten sind bekanntlich keine Seltenheit. Das Reaktionsvermögen wird langsam ausgeschaltet, man wird immer »tapsiger« und unsicherer auf den Beinen und beim Sprechen. Das Gehirn wird benebelt und irgendwann setzt der berühmt-berüchtigte »Filmriss« ein: Man kann sich hinterher an nichts mehr erinnern und weiß nicht, ob und wie peinlich man sich selbst benommen hat.

> Die Risiken

Alkohol hat ein mittleres Abhängigkeitspotenzial. Bei regelmäßigem Konsum drohen Organ- und vor allem Leberschäden und ein erhöhtes Krebsrisiko: Auf Dauer wird das Nervensystem geschädigt. Häufige Folgen des Alkoholkonsums sind soziale Probleme und gefühlsmäßige Vereinsamung, Stimmungsschwankungen und Depressionen. Verminderte Belastbarkeit und Leistungsfähigkeit sind ebenfalls Langzeitfolgen. Überdies beeinträchtigt Alkohol Potenz und Fruchtbarkeit. Unmittelbare Folge davon, dass man zu tief ins Glas geblickt hat, ist der Kater am Morgen danach: Es ist einem schlecht, der Kopf dröhnt und man ist depressiv verstimmt. Je mehr man getrunken hat, umso heftiger ist der Kater. Häufig werden infolge von Alkoholkonsum Autounfälle verursacht, gerade von jungen Leuten – viele von ihnen verlieren ihr Leben auf der Straße – und vor allem am Wochenende nach dem Discobesuch. Denn die Reflexe, die Koordinations- und Reaktionsfähigkeit verlangsamen sich nach ein paar Gläsern und das Sehvermögen ist beeinträchtigt. Auch am Morgen nach einem Besäufnis befindet sich noch zu viel Alkohol im Blut, als dass jemand Auto fahren könnte. Zudem macht dieses Rauschmittel leichtsinnig und führt dazu, dass man sich bereitwilliger Gefahrensituationen aussetzt. Gefährlich ist auch der »Filmriss«, die Zeit, während der man nicht mehr weiß, was man tut. Man kann dann zum Beispiel hinfallen, bewusstlos werden, an seinem eigenen Erbrochenen ersticken, zu anderen Drogen greifen oder ungewollten Sex zulassen oder vergewaltigt werden (Gefahr: Schwangerschaft, AIDS-Ansteckung).

CANNABIS

Cannabis ist die am weitesten verbreitete illegale Droge in Deutschland, deren Konsum mittlerweile mehr oder weniger stillschweigend geduldet wird. Bereits jeder zweite Jugendliche zwischen 15 und 25 Jahren ist schon einmal mit den daraus hergestellten Produkten Haschisch oder Marihuana in Berührung gekommen. Seine Wurzeln hat der Cannabiskonsum bereits in der vorchristlichen Zeit. Seit rund 8.000 Jahren ist seine Rauschwirkung bekannt. In vielen Kulturkreisen spielten die halluzinativen Inhaltsstoffe von Hanf sowohl in der Medizin (vor allem als Schmerzmittel) als auch bei religiösen Ritualen eine Rolle.

Seit etwa 150 Jahren steigt auch in Europa das Interesse für Cannabis. Vor allem in intellektuellen Kreisen, in der Kunst- und der Musikszene verbreitete sich die Droge rasch. Die Hippie-Bewegung der 60er-Jahre verhalf Cannabis zu einer bis heute anhaltenden Beliebtheit, die sich in den letzten Jahren noch gesteigert hat.

> Die Droge

Cannabis wird aus der Hanfpflanze gewonnen. Der Hauptwirkstoff von Cannabis heißt THC (Tetrahydrocannabinol) und ist fast nur in weiblichen Hanfpflanzen enthalten. Als Haschisch – auch Hasch, Dope, Pot oder Shit genannt – bezeichnet man das getrocknete Harz aus den Drüsenhaaren. Marihuana – ebenfalls unter anderem als Gras, Dope, Spliff oder Weed bekannt – wird aus den getrockneten Blütenblättern, Blättern und Stängeln der Cannabis-Staude gewonnen. Hasch ist etwa fünfmal wirksamer als Gras. Gelegentlich findet man auch Haschischöl oder Haschischplätzchen. Heute kommt Cannabis meist aus Plantagen in den Niederlanden und hat eine wesentlich stärkere Wirkung (bis zu zwanzigmal) als das Cannabis früherer Tage.

> Der Rausch

Wie stark Cannabis wirkt, hängt unter anderem vom Stoff ab, ob man es raucht oder isst, wie man sich allgemein fühlt, mit wem man gerade zusammen ist und wie oft man es konsumiert. Sinneswahrnehmungen und Stimmungen – auch schlechte – werden intensiver erlebt, Cannabis verstärkt bestehende Gemütslagen. »Scheinbar« stundenlange Lachflashs oder »Todesschweigen« sind nichts Außergewöhnliches. Cannabis macht entspannt und im Kreise lieber Freunde oft auch glücklich. Man kann redselig werden und mit gewaltigen (bei näherem Besehen ziemlich dussligen) Volksreden »die Welt verbessern«. Cannabis lässt Hemmungen schwinden und Menschen Dinge tun und sagen, die normalerweise nicht zu ihnen passen. Im ganzen Körper macht sich schläfrige Ruhe breit. Illusionen und Halluzinationen können entstehen. Ein Schluck Mineralwasser wird zum unglaublichen Geschmackserlebnis, der Inhalt des Kühlschranks hat keine Überlebenschance (besonders Süßigkeiten), Fressattacken sind häufig. Nebenwirkungen: erhöhter Puls, Erweiterung der Pupillen, in Einzelfällen Übelkeit.

> Die Risiken

Haschisch gilt für viele als Einstiegsdroge. Das Krebsrisiko ist hier fünf- bis zehnmal größer als bei normalen Zigaretten, denn Cannabis wird meist pur oder mit Tabak vermischt zu einer filterlosen Zigarette – dem Joint – gedreht. Die Teermenge von zwei Joints entspricht jener von bis zu zehn Zigaretten. Regelmäßige User leiden häufig an Bronchitis und Asthma. Das Immunsystem kann geschwächt und das Erbgut geschädigt werden. Es gibt Hinweise darauf, dass Ungeborene, deren Mütter Haschisch rauchen, die Auswirkungen viel intensiver zu spüren bekommen. Cannabis hat ein mittelgradiges Abhängigkeitspotenzial. Bei häufigem Konsum ist außerdem eine Wesensveränderung typisch: Desinteresse, Antriebsschwäche, der Hang zu gesteigerter Selbstzuwendung, Panikattacken, Erinnerungsverlust und Verfolgungswahn können auftreten. Akute Begleiterscheinungen sind Verwirrtheit und Koordinationsschwierigkeiten. Gefürchtet sind Horrortrips und Flashbacks.

ECSTASY

Ecstasy ist die am weitesten verbreitete Droge unter den so genannten Partydrogen. MDMA, der Wirkstoff in Ecstasy-Pillen, wurde 1898 erstmals synthetisiert. Die Öffentlichkeit schenkte dieser Droge allerdings fast 50 Jahre lang keine Beachtung. Medizinische Versuche – etwa für eine Anwendung als Appetitzügler, als »Wahrheitsdroge« und in der Psychotherapie – schlugen fehl oder wurden wegen »merkwürdiger Nebenwirkungen« eingestellt. Ecstasy – kurz XTC oder E – verbreitete sich erst im Schlepptau der Technoszene, dafür dort aber ganz rasant. Schätzungen zufolge haben sechs bis 15 Prozent der 18- bis 24-Jährigen in Deutschland Erfahrungen mit diesem Rauschmittel. Ecstasy gilt als Partydroge, die es ermöglicht, nächtelang durchzufeiern und zu tanzen. Die Pillen gibt es in verschiedenen Farben, Größen und mit verschiedenen Aufdrucken. Der Muntermacher aus dem Labor ist heute vergleichsweise billig zu haben. Die Grundsubstanz dafür stellt das Amphetamin dar, das MDMA ist ein Abkömmling davon. Auch verwandte Substanzen werden unter gleichem Namen vertrieben. Damit sind auch die Wirkungen und Nebenwirkungen kaum noch kalkulierbar. Die Pillen werden oft mit anderen – billigeren – Mitteln gestreckt, etwa mit Traubenzucker oder Medikamenten. Manchmal ist gar kein MDMA mehr enthalten. Eben weil man nie weiß, was wirklich drin ist, sind diese Pillen so gefährlich. Manche Zusammensetzungen können verheerende, ja tödliche Auswirkungen haben.

> Die Droge

Ecstasy ist der Oberbegriff für psychoaktive Substanzen aus der chemischen Gruppe der Metamphetamine und bewirkt im Gehirn die Ausschüttung der körpereigenen Botenstoffe Serotonin und L-Dopa, die Glücksgefühle und Wohlwollen erzeugen. MDEA ist ein unter dem Namen EVE bekannt gewordener enger Verwandter des MDMA, bei seiner Wirkung bleiben allerdings die zuletzt genannten Gefühle aus. Besonders gefürchtet ist die Mischung von Ecstasy mit Ketamin. Das ist ein Narkosemittel für Pferde, welches mit dem Tiermedikament PCP (siehe auch Seite 88) eng verwandt ist. Es wird auch als reines Ketamin zum Spritzen, Schlucken oder Inhalieren gehandelt. Ketamin schädigt das Gehirn und hat auch sonst katastrophale Wirkungen.

Unter dem Namen *Herbal-Ecstasy* machen zur Zeit Kräuterdrogen Furore. Ihnen eilt irrtümlicherweise der Ruf voraus, sie seien wegen der Kräuter besonders schonend – also Ökodrogen gewissermaßen. Dazu muss man sich vor Augen halten, dass alle Drogen, auch die schlimmsten, ursprünglich aus Pflanzen und Kräutern stammen. Die Natur selbst produziert die stärksten Gifte. Herbal-XTC enthält meistens Ephedrin, das aus dem indianischen Kraut »Meerträubel« stammt und äußerst unangenehme Nebenwirkungen haben kann.

> Der Rausch

Die Ecstasy-Pillen haben eine Doppelwirkung: Sie sind sowohl antriebssteigernd (bei niedriger Dosis) als auch sinnestäuschend und bewusstseinsverändernd (in hoher Dosis). Die Umwelt wird dann als farbig und surreal erlebt. Ein gesteigertes Mitteilungsbedürfnis und ein verstärktes Gefühl mitmenschlicher Nähe stellen sich ein. Ecstasy macht freundlich. Müdigkeit und Hunger werden nicht mehr wahrgenommen. Man spürt unheimlich viel Energie und will die ganze Nacht durchtanzen. Akute Wirkungen: Pulsbeschleunigung, Blutdruckanstieg, die Haut wird warm und kribbelig.

> Die Risiken

Der Wirkstoffgehalt der angebotenen Drogen schwankt, deshalb besteht die Gefahr der Überdosierung. Bei mäßigem und nicht regelmäßigem Konsum entsteht nach heutigen Erkenntnissen keine Abhängigkeitsgefahr. Mischkonsum aber kann zu fatalen Wechselwirkungen führen. Aufgrund der Ausschaltung körperlicher Warnsysteme überhitzt sich der Körper und trocknet aus – vor allem beim Durchtanzen. Die Folge können Zusammenbrüche, Schlaganfälle, tödliche Kreislaufstörungen sein. Inzwischen gilt es als erwiesen, dass Ecstasy auf Dauer irreparable Hirnschäden verursacht. Im Tierexperiment zerstörte es bei Mäusen, Ratten und Affen die Nervenbahnen, vor allem in jenen Teilen des Gehirns, die Gedächtnis und Gefühle steuern. Das Gehirn baut sich um. Schon kurz nach der Einnahme kann Ecstasy Psychosen entfesseln: Die User verlieren die Kontrolle über Denken und Fühlen, erleben Halluzinationen oder panische Angst und überschätzen sich selbst, wodurch Unfälle hervorgerufen werden können. Bei Langzeitgebrauch entzieht Ecstasy dem Körper das Serotonin, man kann nicht mehr aus eigenem Antrieb innerlich gut drauf sein und auch nicht mehr schlafen. Depressionen stellen sich ein. Trinkt man während des Rausches zu viel Flüssigkeit auf einmal, kann das Gehirn anschwellen und dies zu einem schnellen Tod führen. Gefürchtet ist auch der Ecstasy-Kater: Er kann bis zu fünf Tage lang dauern und ist bis zu zehnmal schlimmer als ein Alkoholkater, der ja auch schon schlimm genug ist.

Fast alle Jugendliche, so haben Drogenforscher herausgefunden, nehmen außer Ecstasy noch Cannabis, Kokain, Speed oder LSD ein. Entgegen der landläufigen Meinung wird meist auch richtig viel Alkohol dazu getrunken. Diesem Mischkonsum und den Mix-Tabletten zweifelhafter Herkunft werden die meisten negativen Folgen zugeschrieben. Da kann bereits eine Pille tödlich wirken.

HEROIN

Heroin ist ein halbsynthetisches Opiat, das erstmals 1898 hergestellt wurde. Opiate an sich haben als Suchtmittel allerdings schon eine lange Tradition. Sie wurden nachweislich bereits 4000 v. Chr. im östlichen Mittelmeerraum verwendet. Opium, das aus der schönen Pflanze Schlafmohn gewonnen wird, soll es aber bereits 6000 Jahre vor Christi Geburt gegeben haben. Auch die Abhängigkeit davon wurde schon vor unserer Zeitrechnung beschrieben. Paracelsus entwickelte daraus das Laudanum, das mehrere Jahrhunderte lang das wichtigste Schmerz- und Beruhigungsmittel war. Um 1900 waren Opiate in jeder Apotheke zu haben. Sie wurden als Heilmittel gegen Schlaflosigkeit, Fieber, Schmerzen und andere Beschwerden eingesetzt. Heroin aus Rohopium gibt es seit etwa 127 Jahren. Die Sucht erzeugende Wirkung der Droge ist seit langem bekannt. Gesicherte Erkenntnisse über die Verbreitung von Heroin in Deutschland liegen nicht vor. 1997 wurde die Anzahl der Konsumenten auf 100.000 bis 150.000 geschätzt. Von den 1.812 Menschen, die 1999 in Deutschland an den Folgen von Drogenmissbrauch gestorben sind, waren die meisten heroinabhängig. Durch das Aufkommen von Ecstasy hat sich der Heroinmissbrauch kontinuierlich verringert, die Zahl der Herointoten ist glücklicherweise deutlich zurückgegangen.

> Die Droge

Heroin wird aus einer Verbindung von Morphin, dem Wirkstoff des Opiums, und Essigsäure hergestellt. Opium lässt sich aus dem milchigen Saft des Schlafmohns gewinnen. Heroin ist ein braunes bis hellbeiges oder weißes Pulver, das meistens in gelöster Form gespritzt wird. Je heller die Farbe, umso höher der Heroingehalt.

> Der Rausch

Wenn Heroin gespritzt wird, wirkt es blitzartig. Es stellen sich ein Euphoriegefühl – *Kick* oder *Flash* genannt – und ein Wärmegefühl ein. Angst und Schmerzen werden vermindert. Dann verspürt man Schläfrigkeit, wohlige Ruhe, das völlig irreführende Gefühl, mit der Welt im Einklang zu sein. In geringen Mengen sorgt Heroin dafür, dass man redselig wird und sich selbst total toll findet. In größerer Menge verursacht es eine Art Trance, das Atemzentrum wird gedämpft, die Herzfrequenz gesenkt. Nach Abklingen des Rausches treten starke Depressionen und Unruhe auf. Heroin zu rauchen ist wesentlich weniger gefährlich, hat aber die gleiche Wirkung.

> Die Risiken

Heroin bleibt die Droge, die am schnellsten in den Abgrund führt. Ausprobieren gibt es bei dieser Droge nicht. Fast immer setzt die Abhängigkeit nach dem ersten Schuss ein, danach beginnt eine langsame Auflösung der Persönlichkeit. Die ständige Jagd nach dem Stoff wird zum einzigen Lebensinhalt und ist fast immer mit Kriminalität oder Prostitution verbunden. Die am weitesten verbreitete Einnahmequelle ist jedoch das eigene Dealen. Nicht selten werden Jugendliche auf Schulhöfen, in Discos oder Jugendtreffs angesprochen und zum Heroinspritzen überredet.

Bekannt ist auch das »Anfixen«, bei dem Jugendlichen gegen ihren Willen der erste Schuss gesetzt wird. Nicht selten werden sie dazu betrunken gemacht, meist von wildfremden Menschen. Der soziale Abstieg ist immer vorprogrammiert. Heroin wird ebenfalls oft mit anderen Stoffen gestreckt, die zusätzlich die Gefahr erhöhen. Besonders gefährlich ist die Mischung von Heroin und Kokain – *Speedball* genannt.

Gefürchtet ist neben der Überdosierung – dem »goldenen Schuss« – der plötzliche Tod durch Herz- oder Atemstillstand. Die Gefahr, sich mit AIDS oder Hepatitis zu infizieren, zum Beispiel durch unsaubere Spritzen oder Anschaffen auf dem Strich, um zum nötigen Geld zu kommen, kommt zusätzlich hinzu. Das Spritzbesteck sollte niemals geteilt werden. Am sichersten sind Einmalspritzen. Heroinkonsum bringt starke Entzugssymptome mit sich. Sie allein sind oft schon ein Grund zum Weitermachen. Hirnleistung und Koordination werden behindert. Depressionen und massive Unruhe machen sich breit. Das gesamte Leben dreht sich nur noch um die Droge. Am Ende ist es für den Süchtigen am wichtigsten, die höllischen Entzugssymptome – den »Cold Turkey« – zu vermeiden. Zu den Symptomen gehören Panikattacken, Krämpfe, unkontrollierbares Zittern, Schlaflosigkeit, Unruhe und vor allem ein kaum beherrschbares Verlangen nach dem nächsten Schuss. Schöne Gefühle stellen sich da nicht mehr ein. Kaum jemand schafft es, allein vom Heroin loszukommen. Professionelle Hilfe ist erforderlich.

Methadon

Diese Chemikalie wird von Ärzten eingesetzt, um Heroinsüchtigen zu helfen, von ihrem Stoff wegzukommen- Es wirkt ähnlich wie Heroin und macht auch ebenso süchtig. Die Wirkung tritt allerdings nicht so schnell ein, hält dafür aber bis zu 24 Stunden an. Nebenwirkungen sind Übelkeit und Erbrechen, Magen- und Rückenschmerzen sowie mangelnde Lust auf Sex.

Der Methadonentzug kann noch schlimmer sein als der von Heroin und sollte niemals ohne ärztliche Aufsicht erfolgen. Der Einsatz von Methadon ist umstritten. Als positiv wird jedoch eingeschätzt, dass Süchtige sich mit Hilfe des Methadons nicht mehr um die Beschaffung von – vielleicht verschmutztem – Heroin kümmern müssen, so aus der Beschaffungskriminalität aussteigen und ein annähernd normales Leben führen können.

Gewarnt wird immer wieder eindringlich davor, Methadon nicht zum Ausstieg aus dem Konsum von Partydrogen zu verwenden, weil durch diese Kombination der Herzschlag aussetzen kann!

KOKAIN

Das Kauen von Kokablättern lässt sich in Südamerika mehrere tausend Jahre zurückverfolgen. In Europa und den USA verbreitete sich die Droge erst, nachdem es 1860 gelungen war, den Wirkstoff Kokain zu synthetisieren. Kokain wurde aufgrund seiner stimulierenden Wirkung als Partydroge schick und fand rasch viele Anhänger – besonders in den Intellektuellen- und Künstlerkreisen –, bis man seine Gefährlichkeit erkannte. In den USA wurde es 1914 für illegal erklärt. Der Kokainverbrauch in Deutschland steigt heute steil an. 1999 wurden 75 Prozent mehr Kokain sichergestellt als im Jahr zuvor. Der »Stoff« ist in den letzten Jahren um einiges billiger geworden und hat sich deswegen auch unter Jugendlichen immer stärker verbreitet.

> Die Droge

Kokain – auch Koks oder Schnee genannt – ist ein halbsynthetisches Tropanalkaloid aus den Blättern des Koka-Strauches, der vorwiegend in Südamerika angebaut wird. Meist wird es als Pulver angeboten. Kokain wird über die Nase geschnupft – gesnieft – und dadurch sofort über die Blutbahn zum Gehirn transportiert. Manchmal wird es auch geraucht oder gespritzt. Besonders gefährliche Varianten des Kokainkonsums sind »Crackrauchen« und »Freebasen«. Koks ist ein stark stimulierendes Mittel und hat eine ähnliche Wirkung wie Speed. Es wird grammweise in Briefchen verkauft. Je länger die Dealerkette ist, umso weniger Kokain ist meist darin enthalten. Es wird mit allerlei anderen Mitteln gestreckt. Man geht davon aus, dass das im Straßenverkauf gehandelte Koks höchstens zu einem Drittel aus Kokain besteht.

> Der Rausch

Kokain beeinflusst alle Bereiche des Nervensystems und wirkt antriebssteigernd. Es nimmt die Angst und fördert das Selbstbewusstsein und die Kreativität. Hunger und Erschöpfungszustände werden abgeschwächt empfunden, Körpertemperatur, Herzfrequenz und Zuckergehalt im Blut steigen. Häufig kommt es dann aber doch zu Angstzuständen und Verfolgungswahn. Die Aggressionsbereitschaft steigt. Der Rausch beginnt schnell, flaut aber auch schon ungefähr nach einer halben Stunde wieder ab. Der Kater kommt plötzlich und heftig. Je mehr Kokain nacheinander gesnieft wurde, desto tiefer ist der Absturz. Die nachfolgenden Depressionen und Panikattacken können tagelang andauern. Manch ein User sieht dann nur noch einen Ausweg im Selbstmord. Um den Absturz zu vermeiden, ist man versucht, ständig weiterzusniefen oder auf stärkere Drogen umzusteigen. Das kostet unter anderem eine Menge Geld, weswegen der soziale Abstieg auf Dauer vorhersehbar ist.

> Die Risiken

Zunächst einmal wird die Nase in Mitleidenschaft gezogen, weil die Nasenscheidewand verätzt wird. Häufig treten Herzrhythmusstörungen bis hin zu Herzinfarkten auf. Auch Arterienrisse, Schlaganfälle, Schädigungen in der Hirnrinde und epileptische Anfälle sind möglich. Das psychische Abhängigkeitspotenzial ist hoch. Typisch sind auch ein gesteigerter Hang zu Gewalttätigkeit, Nervosität, Impotenz, Egoismus und Stimmungsschwankungen. Manche kombinieren das Runterkommen mit Beruhigungsmitteln um schlafen zu können. Das verschlimmert die Probleme jedoch nur.

Crack

Das ist Kokain in seiner schlimmsten Form. Es ist in der Erzeugung billiger und wirkt stärker. Crack wird hergestellt, indem gelöstes Kokain mit Backpulver und Wasser »aufgebacken« wird. Dabei entstehen unterschiedlich große Kristallbrocken – »Rocks« –, die geraucht werden können.

Freebase hingegen ist ein feines weißes Pulver und entsteht durch eine etwas andere »Zubereitungsart«. Crack ist viel gefährlicher als Kokain, weil der Körper es viel schneller aufnimmt. Es wirkt nur wenige Minuten, in denen man sich euphorisch, aktiv und übermütig fühlt. Nach einer Viertelstunde ist der Rausch aber vorbei und der Absturz beginnt. Ihn bezeichnen Crackraucher als so »unvorstellbar horrormäßig«, dass man nur noch sterben möchte. Viele Abhängige sind selbstmordgefährdet. Das Kombinieren mit anderen Drogen kommt einem Todesurteil gleich. Crack hat aller Wahrscheinlichkeit nach das höchste Abhängigkeitspotenzial. Das schnelle Hoch und das tiefe Tief verlangen nach immer mehr Kicks oder Hits. Schon nach wenigen Malen ist das Leben aus dem Tritt geraten.

LSD

Das stark bewusstseinsverändernde LSD wird meist mit der Hippie-Bewegung der 60er-Jahre in Verbindung gebracht. Viele Aussteiger bedienten sich damals auf ihrer Suche nach abgehobeneren Wahrnehmungen und Erleuchtung dieser Droge. Dann verlor sich für einige Jahrzehnte das Interesse an LSD. Erst mit dem Entstehen der

Technoszene rückte es wieder ins Licht. Dieses Rauschmittel wird häufig als »Gegengewicht« zu Speed und Ecstasy eingesetzt. Natürlich ist auch diese Drogenkombination besonders gefährlich. Die Wirkungsdauer von LSD ist sehr lang – bis zu zwölf Stunden – und der Trip nicht steuerbar.

> Die Droge

LSD wird aus Lysergsäure synthetisiert, die im Mutterkorn vorkommt. Das ist ein Pilzparasit, der auf Getreide wächst. LSD – *Lysergsäurediäthylamid* – ist das stärkste uns bekannte Halluzinogen und wirkt schon in geringsten Mengen. Der Wirkstoff wird auf Löschpapierschnipsel oder Filzstückchen geträufelt und geschluckt, kommt aber auch in Form von Pillen oder Kapseln auf den Markt. In so einem »paper« ist unterschiedlich viel LSD enthalten (zwischen 25 bis 250 mg), sodass sich die Wirkung schlecht kalkulieren lässt. *Microdots* heißen kleine Pillen, die mit hoch dosiertem LSD versehen sind.

> Der Rausch

Optische Sinnestäuschungen, ein verändertes Körpergefühl und wirre Halluzinationen können durch LSD hervorgerufen werden. Es verändert die Wahrnehmung der Umgebung. Helligkeit und Töne verändern sich ständig. Bilder beginnen zu leben, Materialien fühlen sich anders als normal an. Die User sehen Dinge, die es gar nicht gibt, sie sehen die Welt aus einer anderen Perspektive. Manche berichten von einem Gefühl, als seien sie selbst aus ihrem Körper herausgetreten. Das kann sowohl angenehm als auch unangenehm sein. Es gibt gute und schlechte Trips, denn LSD ist schwer berechenbar. Noch stärker als bei anderen Drogen kommt es darauf an, wie du dich gerade fühlst und wo du dich befindest. Die Umgebung sollte vertraut und du selbst entspannt sein. Häufig kommt es zu Stimmungsschwankungen, Angst und Verfolgungswahn. Atemfrequenz, Blutdruck und Körpertemperatur steigen.

> Die Risiken

Schon nach einmaligem Gebrauch kann es zu Psychosen kommen, zu unkalkulierbaren Horrortrips, verbunden mit Panikzuständen, Überreaktionen und abnehmender Leistungsfähigkeit. Unfälle wegen schlimmer Halluzinationen unter dem Einfluss von LSD sind keine Seltenheit. Bei Vergiftung droht Herzstillstand. Bislang verborgene seelische Krankheiten können jetzt ausbrechen. Gefürchtet sind die Flashbacks, die noch nach Monaten auftreten können und die entsetzlichen Gefühle und Halluzinationen des ursprünglichen Trips wieder aufleben lassen. Das kann Stunden dauern und ebenso grauenhaft sein wie der Horrortrip selbst.

MAGIC MUSHROOMS

Die so genannten »Zauberpilze« gehören zu den ältesten Drogen der Menschheit. Sie wurden in vielen Kulturkreisen bei spirituellen Zeremonien eingesetzt. Vor allem von den Indianern ist uns dies bekannt. Sie gewannen aus Zauberpilzen die Droge Meskalin. Diese Pflanzenarten gerieten aber bei den meisten Völkern in Vergessenheit. Erst ab 1965 in der Zeit der Hippie-Bewegung stieg das Interesse für die »Magic Mushrooms« wieder. Auch in Deutschland wachsen solche Zauberpilze. Sie stoßen seit etwa fünf bis zehn Jahren auf das Interesse von Sammlern, die Pilze nicht gerade für die Bratpfanne suchen.

Mangelnde Aufklärung und das Halbwissen der User sind es, die diese Droge so gefährlich machen. Häufig kommt es nach dem Konsum zu bösen Unfällen.

> Die Droge

Der Spitzkegelige Kahlkopf (*Psilobesenilanceata*) enthält zu etwa einem Prozent die halluzinativen Stoffe Psilocybin, Psilocin und Baecocystin. Er wächst vor allem in Kuhmist auf Weiden. Auch andere Sorten, z. B. der Fliegenpilz (*Amanita muscaria*), können rauschartige Wirkungen hervorrufen, ihr Verzehr ist sehr risikoreich. Magic Mushrooms werden frisch oder getrocknet gegessen oder zu Pilztee aufgebrüht bzw. getrocknet geraucht. Alle Zauberpilze gehören zu den Giftpilzen.

> Der Rausch

Es dauert eine Weile, bis sich der Rausch einstellt, was manch Ungeduldigen dazu verführt, die Dosis zu erhöhen. Das kann dann noch gefährlicher werden. Die Pilze rufen einen traumartigen Erlebnisfluss, Glücksgefühle und optische Halluzinationen hervor. Der User fühlt sich von der Welt losgelöst, teils auch spirituell erleuchtet. Die Wahrnehmung der Umgebung kann intensiver, aber ebenso verzerrt sein. Angst und Hemmungen können abgebaut, aber ebenso zu akuten Panikzuständen und Paranoia gesteigert werden. Im Einzelfall kann es zu Herzrasen, verändertem Puls und Blutdruck, zu Schwindel, Übelkeit und Schweißausbrüchen kommen. Erstaunlicherweise weichen die Erlebnisbeschreibungen von »Shrooms-Usern« und ungewollt Pilzvergifteten stark voneinander ab.

> Die Risiken

Die Wirkungen der Pilze sind noch nicht ausreichend erforscht. Eine psychische Abhängigkeit lässt sich nicht ausschließen. Mischkonsum mit Speed oder Ecstasy ist sehr gefährlich. Verdrängte traumatische Erlebnisse können aus dem Unterbewusstsein hervorgezerrt werden. Angst und Wahnvorstellungen sind an der Tagesordnung. Manche Pilze können Atemstillstand, Ohnmacht und den Tod hervorrufen.

SPEED

Speed ist eine Gruppenbezeichnung für Drogen, die in ihrer Struktur den Amphetaminen ähneln. Als Muntermacher wird das Laborprodukt gern auf Partys eingesetzt. Außerdem greifen insbesondere Menschen, die unter großem Druck stehen, zu dieser antriebssteigernden Droge. Amphetamine wurden 1887 erstmals in Deutschland synthetisiert und zunächst als Schlafhemmer in der Medizin eingesetzt. Im Zweiten Weltkrieg gaben fast alle Armeen ihren Soldaten dieses Mittel, um deren Leistung und Aggressivität zu steigern. Das vergleichsweise billige Speed (»Arbeiterkoks«) ist heute eine der am weitesten verbreiteten Drogen. Verkauft wird es meist als weißes Pulver, das in so genannten Briefchen verpackt ist. Auch Amphetamine werden gestreckt, wodurch sie in ihrer Wirkung unberechenbar werden. Speed wird geschluckt, inhaliert und manchmal auch gespritzt, was ganz besonders gefährlich ist.

Besonders befürchtet wird derzeit, dass sich ein Amphetamin-Abkömmling namens »Crystal meth« von den USA auf den Weg nach Europa macht. Es führt besonders rasch zum totalen Zerfall.

> Die Droge

Amphetamin bewirkt die Freisetzung von körpereigenen Botenstoffen, insbesondere von Noradrenalin. Es ist ein starkes Aufputschmittel, das direkt auf das zentrale Nervensystem wirkt.

> Der Rausch

Speed wirkt antriebssteigernd und appetitzügelnd, es verstärkt Rededrang, Leistungsfähigkeit und Spontaneität. Müdigkeit und Schmerzempfindungen werden unterdrückt. Nicht selten macht es aggressiv, der Blutdruck steigt an, das Herz beginnt zu rasen, es besteht Überhitzungsgefahr. Die körpereigenen Warnsysteme werden ausgeschaltet.

> Die Risiken

Häufig empfindet der User eine extreme Nervosität, Zittern und Brechreiz, Überhitzungen, Schlafstörungen. Angstzustände und Psychosen können auftreten. Mischkonsum mit anderen Drogen ist bei Speed besonders gefährlich. Der Wirkstoffgehalt der Droge schwankt, Überdosierungen sind leicht möglich. Es droht die Gefahr eines Deliriums, eines Herzstillstands oder Schlaganfalls. Beim und nach dem Runterkommen macht sich eine totale Erschöpfung breit, gepaart mit paranoiden Zuständen und extremer Unruhe. Manche versuchen das zu umgehen, indem sie daraufhin Beruhigungsmittel nehmen. Das ist extrem gefährlich!

TABAK

Die Blätter der Tabakpflanze werden schon seit Jahrhunderten geraucht. Entdeckt haben sollen sie die Indianer.

Der englische Seefahrer Sir Walter Raleigh brachte sie im ausgehenden 16. Jahrhundert vom neu entdeckten Kontinent Amerika mit nach Europa, wo die Pflanze rasch heimisch wurde. Heute werden die getrockneten Blätter zu Zigaretten, Zigarren und Pfeifentabak verarbeitet. Tabak wird auch in Form von Schnupf- und Kautabak angeboten. Der Inhaltsstoff Nikotin gilt als eine der am weitesten verbreiteten und gefährlichsten Drogen überhaupt. Trotzdem ist Nikotin nicht verboten und das Rauchen von Tabak völlig legal. Während immer weniger Erwachsene rauchen und das Rauchen in vielen Ländern in öffentlichen Räumen nicht mehr erlaubt ist, greifen immer mehr Kinder und Jugendliche zum Glimmstängel. Viele Heranwachsende fangen heute schon im Alter unter zehn Jahren zu rauchen an. Die Werbung der Tabakfirmen ködert sie durch das Sponsern von imageträchtigen Sportveranstaltungen und Autorennen sowie dem damit verbundenen Lebensstil und dem Hauch von Freiheit und Abenteuer.

Rund 20 Millionen Deutsche rauchen. Man schätzt, dass die Hälfte davon junge Menschen zwischen 12 und 25 Jahren sind. Jeden Tag kommen 3.000 junge Neuanfänger hinzu. Nikotin ist die Einstiegsdroge schlechthin. Etwa 100.000 Menschen sterben pro Jahr an den Folgen des Rauchens.

> Die Droge

Die Tabakpflanze enthält Nikotin. Dieses zählt zu den bekannteren Giften. Reines Nikotin, das im Chemielabor aus den Tabakblättern isoliert wurde, wirkt innerhalb von Minuten tödlich. Zigarettenrauch besteht zu einem Teil aus Kohlenmonoxid. Dieses verhindert die Sauerstoffaufnahme in der Lunge. Ein weiterer Bestandteil ist Teer in einer besonders gefährlichen chemischen Verbindung. Er wird für das Krebsrisiko verantwortlich gemacht. Auch Ammoniak (sonst in Bleichmitteln und WC-Reinigern), das tödliche Zyanid und Phenol sind im blauen Dunst enthalten. Insgesamt inhalierst du mit einem einzigen Zug aus der Zigarette über 3.000 verschiedene chemische Stoffe.

> Der Rausch

Wer einen Lungenzug nimmt, spürt ebenfalls ziemlich rasch eine Wirkung, denn das Nikotin im Rauch wird über die Mundschleimhaut aufgenommen. Es wird im Speichel gelöst und gelangt direkt in den Blutkreislauf. Deshalb wird Rauchern beim ersten Zug ziemlich schnell schwindelig. Das Nikotin beschleunigt den Herzschlag, es wird mehr Blut durch den Körper gepumpt. Wenn das Gift im Gehirn ankommt, fühlst du dich aktiv, aufnahmefähig und angeregt.

Raucher sagen, dass ihre Konzentration verbessert und ihre Leistungsfähigkeit gesteigert wird. Zudem verringert sich die Anspannung der Muskeln. Entspannung und Erleichterung stellen sich ein.

> Die Risiken

Nikotin führt ziemlich schnell zu körperlicher und seelischer Abhängigkeit. Es hat ein höheres Suchtpotenzial als das gefürchtete Heroin. Allein das Ritual macht süchtig, denn es erfüllt vielfältige Funktionen – unter anderem jene, dass man ständig etwas in der Hand hält, sich gesellig zeigt, sich nicht allein und zudem attraktiv fühlt. Nikotin ist Krebs erregend, es löst vor allem Lungenkrebs aus. Nach der Diagnose haben die meisten Betroffenen nur noch ein halbes Jahr zu leben. Nikotin ist auch für schwere Herz- und Kreislauferkrankungen verantwortlich. Es killt mehr Menschen als jede andere Droge, wahrscheinlich sogar mehr als alle anderen zusammen. Überdies wirkt es sich auf die Bildung der Geschlechtshormone aus und macht langfristig unfruchtbar. Bei jungen Männern sorgt das Nikotin obendrein dafür, dass das Glied beim Sex den Dienst versagt. Ebenso zieht dieses starke Gift vorzeitiges Altern nach sich. Vor allem die Gesichtshaut wird auch schon bei ganz jungen Menschen grau und faltig. Und schließlich hat das Rauchen noch einige harmlosere, aber dennoch sehr unangenehme Begleiterscheinungen – auch für die Umwelt: Raucher stinken – um es einmal ganz deutlich zu sagen. Ihr Atem riecht abstoßend. Wer einen Raucher küsst, küsst einen Aschenbecher. Weitere »verlockende« Eigenschaften: Morgens muss der Raucher erst mal eklig spucken und Schleim abhusten. Und seine Geschmacksknospen funktionieren auch nicht mehr ordentlich: Raucher können nicht mehr richtig schmecken.

Erschwert wird die Problematik der Auswirkungen des Rauchens durch die Tatsache, dass die Folgeschäden meist erst Jahre später – manchmal mit einer Verzögerung von 20 Jahren – auftreten und dann offiziell oft nicht mehr mit dem Tabakkonsum in Verbindung gebracht werden. Das ist deshalb insbesondere für Jugendliche oft ein Grund, nicht mit dem Rauchen aufzuhören, denn es liegt in der Natur der Jugend, dass sie sich für unsterblich hält.

WEITERE »PARTY«- UND »SPORTDROGEN«

> **American Cocktails** bestehen aus einer Mischung aus Alkohol, Schmerzmitteln und Kokain.

Andere Trips werden aus Amphetaminen, Appetitzüglern und Tranquilizern gemischt.

> **Barbiturate** fahren das Nervensystem herunter und wirken stark beruhigend oder einschläfernd. Sie sind sehr gefährlich, stark suchterzeugend, haben erhebliche Nebenwirkungen und werden heute in der Medizin nicht mehr verwendet. Die Grenze zur tödlichen Dosis ist ein schmaler Grat. »Barbis« bereiten weder einen schönen Trip noch schöne Gefühle, dafür haben sie schreckliche Langzeitfolgen: Schlaflosigkeit, Depressionen, Geisteskrankheit, Panikattacken und Halluzinationen. Tödlich ist die Kombination von Barbituraten und Alkohol.

> **Beruhigungsmittel** dämpfen das Nervensystem oder betäuben es sogar. Sie bewirken damit das genaue Gegenteil von Drogen, die aufputschen. Die gebräuchlichsten Beruhigungsmittel in der Medizin sind die Benzodiazepine, in der Szene kurz »Benzos« genannt. Sie werden oft eingenommen, um den Absturzkater zu mildern und den Schlaf zu fördern. Aber das macht es nur noch schlimmer, zumal sie selbst heftige Symptome beim Runterkommen mit sich bringen. Die Kombination mit anderen Drogen kann tödlich sein. Es gibt Süchtige, die die zu Pulver zermahlenen Tabletten in Wasser auflösen und sich dieses Gemisch spritzen. Atemstillstand, Koma und Tod können die Folge sein. Beruhigungsmittel machen schneller körperlich und seelisch abhängig, als man denkt. Der Entzug soll wesentlich schlimmer als bei Heroin sein.

> **DMT** *(Dimethyltriptamin)* stammt ursprünglich aus bestimmten Tropenpflanzen, wird heute aber auch synthetisch hergestellt. Im Allgemeinen wird es in einer Pfeife geraucht, es kann aber auch gegessen werden. Seine Wirkung ist äußerst intensiv und unangenehm. DMT soll

schlimmere Trips hervorrufen als andere vergleichbare Drogen – etwa LSD – und »der pure Wahnsinn« sein.

> **GHB** *(Gammahydroxybutyrat)* ist ein Narkosemittel für Operationen. Es macht als Liquid Ecstasy vor allem in der Schwulenszene seine Runde und wird zum Aufpeppen von Getränken verwendet. Die Gefahr der Überdosierung ist außerordentlich groß, da die Stärke des Mittels nicht einzuschätzen ist. Noch schlimmer wird es, wenn es mit Mitteln wie Antidepressiva gemixt wird.

> **Ice** ist eine andere Bezeichnung für »Crystal meth« und chemisch gesehen ein Methylamphetamin. Es wirkt wie Amphetamin, nur viel stärker. Ice gilt als eine der stärksten und gefährlichsten Drogen, die gerade Einzug in die Partyszene halten. Es wird wie Speed in Briefchen verkauft, tritt aber auch in Form von Tabletten oder Kristallen – so genannten »bombs« – auf, die einzeln in Papier gewickelt sind. Die Wirkung setzt nach einer halben Stunde ein und dauert lang an. Ice kann unangenehme Halluzinationen hervorrufen. Die Nebenwirkungen können tödlich sein. Ice hat ein hohes Abhängigkeitspotenzial. Die Mengen müssen rasch gesteigert werden. Starke Entzugserscheinungen sind bekannt. Das Runterkommen ist grausam und dauert Tage. Depressionen, Panik, Nervosität, paranoide Zustände bis hin zur Schizophrenie gibt es gratis dazu.

> **Lösungsmittel** aus Nagellacken, Klebstoffen, Lackfarben, Entfroster, Insektenvertilgungsmittel und Verdünner werden häufig als Schnüffelstoffe verwendet. Das Einatmen mittels Plastiktüten führt neben schweren organischen Schäden häufig zum Erstickungstod. Tödlich

geht es meist aus, wenn sich jemand Spray direkt in den Mund sprüht. Dadurch können die Atemwege einfrieren, was den Tod innerhalb weniger Minuten herbeiführen kann. An Lösungsmitteln sterben mehr Jugendliche unter 16 Jahren als an allen anderen Aufputschmitteln zusammen. Durch das Schnüffeln wird zunächst eine alkoholähnliche Wirkung erreicht. Wer dann weiter schnüffelt, riskiert schlimme Halluzinationen, kombiniert mit Selbstüberschätzung (z. B. glauben Betroffene fliegen zu können). Selbst ausgelöste Unfälle sind keine Seltenheit. Die Gifte können zu Organ- und Herzversagen führen. Lösungsmittel machen psychisch abhängig. Angstzustände, Depressionen und Nervosität sind bekannte Entzugserscheinungen.

> **PCP** – auch »Angel's Dust« genannt – ist ein Narkosemittel, das jedoch nicht mehr eingesetzt wird und inzwischen bei uns verboten ist. Es ruft Delirien und Orientierungslosigkeit hervor. Heute wird es manchmal unbemerkt in Ecstasy-Pillen und Cannabis gemischt. Seine Wirkung ist sehr stark. Es kann sowohl stimulierend als auch deprimierend wirken. Gleichzeitig fördert es Halluzinationen und eine verzerrte Wahrnehmung. Außerdem schafft es Koordinationsprobleme, macht aggressiv und kann Sehstörungen, Gedächtnisschwund, Muskelkrämpfe und Koma nach sich ziehen. Es gibt User, die an einem Herzinfarkt oder Blutgerinnseln im Gehirn gestorben sind.

Das Runterkommen kann Tage dauern, die Nachwirkungen Monate. Gefürchtet sind horrormäßige Flashbacks, die vor allem bei körperlicher Aktivität auftreten können, denn PCP wird im Fettgewebe gespeichert.

> **Poppers** sind ein Aufputschmittel, das meist aus Amylnitrit besteht und frisch, süß und fruchtig riecht, aber unglaublich giftig ist. Das »Flüssige Gold« wird inhaliert und verursacht zunächst einen Energieschub und dann Benommenheit bis hin zur Ohnmacht. Poppers zu schlucken ist gleichbedeutend mit einem Todesurteil (weshalb man »Flüssiges Ecstasy« und »Flüssiges Gold« niemals verwechseln sollte).

> **Rohypnol** ist ein Beruhigungsmittel. Es ist mit Valium verwandt, jedoch wesentlich stärker in der Wirkung. Nach einer Tablette fühlt man sich sofort wie betrunken und verliert die Orientierung, bei mehr als einer Tablette auch die Erinnerung. Atemstillstand und Koma können die Folge sein, insbesondere bei Mischkonsum. Rohypnol wird manchmal in Drinks gemischt, um Mädels zu vergewaltigen oder sie anzufixen, ohne dass sie etwas bemerken und sich später daran erinnern können. Das ist selbstverständlich strafbar.

AUCH DAS SIND DROGEN: DOPINGMITTEL

Viele Sportler wurden im Jahr 2000 in Sydney zu den Olympischen Spielen gar nicht erst zugelassen, ein Teil wurde wieder nach Haus geschickt und einige mussten sogar ihre Medaillen wieder abgeben. Grund: Ihnen wurde nachgewiesen, dass sie gedopt waren. Auch bei Radsport-Veranstaltungen wie der Tour de France und bei der Winterolympiade 2006 waren Dopingmittel im Spiel. Die gebräuchlichsten Sportdrogen sind Anabolika, Aminosäuren, Wachstumshormone und EPO (*Erythropoietin*). Diese absolut gefährliche Unsitte macht sich derzeit auch unter Normalsportlern und vor allem unter jungen Männern breit: Abenteuerliche Doping-Mixturen vom Schwarzmarkt werden in Hülle und Fülle konsumiert. Bei einer Untersuchung in Schleswig-Holstein gaben 25 Prozent der befragten männlichen Besucher von Fitnessstudios zu, dass sie zur Unterstützung des Muskelwachstums Anabolika verwenden, bei den Frauen waren es acht Prozent. Ein Teil von ihnen nahm das im Leistungssport verbotene Clenbuterol ein.

Selbst Schüler machen diesen puren Wahnsinn schon mit: Sie wollen männlich aussehen, ohne etwas dafür tun zu müssen. Die Muskeln sollen ohne Bewegung einfach nur schnell wachsen. Manche Anabolika-Missbraucher wiederum trainieren härter, als ihnen zuträglich ist. Sie verändern sich psychisch und zeigen »Suchtverhalten«. Vor allem – das sagen die Betroffenen selbst – werden sie ihren Mitmenschen gegenüber wesentlich aggressiver.

Gedopt wird in diesen Kreisen vor allem auch mit männlichen Hormonen, Wachstumshormonen, Insulin und EPO, einem körpereigenen Hormon aus der Niere. Meist kommt das Zeug aus dem Osten und wird bei uns unter dem Ladentisch gehandelt. Die empfohlenen Dosierungen sind abenteuerlich, ebenso die Zusammensetzungen, sagen Drogenexperten. Und oft ist gar nicht drin, was draufsteht. Diese Arzneimittelfälschungen gelten teils sogar als lebensgefährlich. Es drohen aber auch sonst unschöne »Begleiterscheinungen«: Jungen und Männern wachsen Brüste, sie bekommen schwere Akne und ihre Lust auf Sex geht flöten. Es können aber auch Nase, Ohren, Hände und Füße größer werden, die Haare ausfallen und die inneren Organe sich vergrößern. Tumore sind ebenfalls keine Seltenheit, Herzinfarkte seien denkbar, sagen die Forscher. Bei manchen »Usern« erkennt man den Drogenmissbrauch an ihrem »Froschbauch«.

»Es wird nicht lange dauern, bis wir die ersten Toten durch Dopingmittel haben«, sagt der deutsche Sportarzt Dr. Matthias Ritsch. Und das lohnt sich doch nun wirklich nicht.

KLEINES DROGEN-GLOSSAR

Affe
»Den Affen haben«, so nennen Insider Entzugserscheinungen insbesondere beim Heroinentzug. »Cold Turkey« kalter Entzug – werden die körperlichen Entzugserscheinungen genannt, wenn der »Stoff« abrupt abgesetzt wird.

Barbis
Abkürzung für Barbiturate (Beruhigungsmittel)

Briefchen
In diesen kleinen gefalteten Papieren werden Drogen wie Kokain oder Heroin gedealt.

Dealen
Mit Drogen handeln

Designerdroge
Aus den verschiedensten Rohstoffen werden neue Drogen »kreiert« bzw. »designed«.

Drauf sein
Unter dem Einfluss von Drogen stehen

Drücken
Sich Heroin spritzen

Dope

Der englische Begriff »dope« bezeichnet Rauschgifte im Allgemeinen, bei uns wird er insbesondere für Haschisch und Marihuana verwendet.

Ecstasy (auch: E, Eve, XTC)

Die so genannte Discodroge Ecstasy ist eine chemische Verbindung, die als Pille in verschiedenen Größen und Farben mit unterschiedlichen Aufdrucken vertrieben wird. Sie ist die Droge, die sich derzeit am meisten ausbreitet und deren Gefährlichkeit immer deutlicher wird.

Fett sein

Auf Drogen – insbesondere Ecstasy – sein

Flash / Hit / Kick

Darunter versteht man den Moment, in dem eine Droge das Gehirn erreicht und sich die Wirkung bemerkbar macht.

Flashback

Das ist ein Phänomen: Halluzinationen, die bei einem Trip aufgetreten sind, können nach Stunden, Tagen oder Monaten, sogar nach Jahren unvorhersehbar wieder auftauchen. Meist werden sie dann als noch viel bedrohlicher empfunden, deshalb lösen sie starke Angstgefühle aus.

Gras

Andere Bezeichnung für Marihuana

Halluzinogene

So werden die Drogen genannt, bei denen Halluzinationen und Bewusstseinsveränderungen auftreten können. Der User kann dann etwa Dinge hören, sehen und schmecken, die in Wirklichkeit gar nicht vorhanden sind.

Joint

So wird die Haschisch-Zigarette genannt. Die »Tüte« ist locker und selbst gedreht (»gebaut«) und sieht meist einem kleinen Trichter ähnlich.

Junkie

Fixer, Heroinabhängiger

Line / Linie

Jemand »zieht eine Linie«, wenn er eine Prise Drogen (Kokain) schnupft.

Narkotika

Das sind Drogen, die eine betäubende – narkotisierende – Wirkung haben. Sie machen schläfrig und willenlos, manchmal lösen sie auch Bewusstlosigkeit aus. Zu den Narkotika gehören bestimmte Medikamente, aber auch Heroin.

Partydrogen

Dazu gehören vor allem Ecstasy und andere aufputschende Drogen, die genommen werden, um ein ganzes Wochenende »Party-Machen« durchzuhalten. Sie sind deshalb vor allem in Discos und auf großen Veranstaltungen anzutreffen.

Runterkommen

Wer auf einer Droge »drauf« ist, muss auch wieder »runterkommen«. So bezeichnet man die nachlassende Wirkung einer Droge und die damit verbundenen schlimmen Erscheinungen.

Schnee

Andere Bezeichnung für Kokain

Sedativa

Das sind Drogen, die ruhigstellend – sedierend – wirken. Sie verlangsamen alle Reaktionen, machen schläfrig und beeinträchtigen das Bewusstsein. Zu den Sedativa gehören Alkohol, bestimmte Medikamente und Heroin.

Setting

Damit ist die Stimmung gemeint, in der man sich befindet, wenn man Drogen nimmt, und alle anderen äußeren Umstände wie z. B. mit wem und wo man sie konsumiert. Man sagt, dass, wenn das Setting nicht stimmt, man sich also nicht wohl fühlt, die Gefahr größer ist, dass es zu schlimmen Erlebnissen unter dem Einfluss der Drogen kommt.

Shit

Andere Bezeichnung für Haschisch

Spicken

Bei Heroin nennt man das auch »anfixen«. Hierbei werden dem Betroffenen, ohne dass er es weiß, Drogen verabreicht. Diese werden beispielsweise unbemerkt unter Drinks oder ins Essen gemischt – auch um jemanden sexuell gefügig zu machen.

Stimulantien

Damit sind Drogen gemeint, die eine aufputschende – stimulierende – Wirkung haben. Sie bringen den Körper auf Hochtouren, können aber auch übernervös und ängstlich machen. Koffein, Speed, Ecstasy und Kokain gehören zu den aufputschenden Drogen.

Stoned

Berauscht sein, unter Drogeneinfluss stehen

Strecken

Viele Drogen werden »gestreckt«. Das heißt, die teureren Ausgangsstoffe werden mit meist minderwertigen Substanzen vermischt und trotzdem teuer verkauft. Das können harmlose Stoffe wie Glukose oder Lactose sein, aber auch gefährliche Substanzen, deren Wirkung überhaupt nicht absehbar ist. Meist kann der Konsument überhaupt nicht einschätzen, was er zu sich nimmt.

Trip

So nennt man die Zeit, in der man Halluzinationen oder Bewusstseinsveränderungen hat. Ein Trip kann gut sein, dann sind die Empfindungen positiv, oder schlecht, wenn die Empfindungen und Wahrnehmungen negativ und bedrohlich sind.

User

Jemand, der Drogen nimmt

TIPPS FÜR DEN UMGANG MIT DROGEN UND DROGENSÜCHTIGEN

DARAUF SOLLTEST DU ACHTEN, WENN DU SELBST DROGEN NIMMST

Wie eine Droge wirkt, hängt nicht nur von ihrem Wirkpotenzial ab, sondern auch davon, wie du dich in dem **Moment des Konsums** fühlst, wie gut du drauf bist und wo du dich befindest. Wir selbst haben zum Beispiel die Erfahrung gemacht, dass uns Wein besser bekommt, wenn wir entspannt sind, allein oder zusammen mit lieben Freunden. Teilen wir unsere Zeit mit Menschen, die uns nerven, oder fühlen wir uns generell nicht wohl, ist die Wahrscheinlichkeit groß, dass man schneller »einen im Tee hat« und auch der nächste Morgen nicht gerade eine Freude ist. Deshalb heißt es bei uns in solchen Fällen: Wasser statt Wein. Die in der Discoszene beliebten Partydrogen können ebenfalls mal so und mal so wirken. Wenn du gut drauf bist, wirken sie positiver, **wenn es dir nicht gut geht**, du die Leute oder den Ort nicht magst, ist ein schlechter Trip wahrscheinlicher.

Verhängnisvolle Auswirkungen kann es haben, wenn du nicht gut genug auf dich aufpasst. Was du vor allem wissen musst, ist, dass der Konsum von Partydrogen und Tanzen fatal sein kann. Denn wenn man die ganze Nacht oder länger durchtanzt und durchravt, kommt es zu einer **Erhöhung der Körpertemperatur** in den gefährlichen Fieberbereich. Der Körper heizt sich immer mehr auf und trocknet gleichzeitig aus, denn er versucht, sich durch vermehrtes Schwitzen zum Abkühlen zu bringen.

Hitzschlag, totale **Erschöpfung und Herzversagen** können die Folgen sein – von Krämpfen, Erbrechen und Kopfweh mal ganz abgesehen. Das Dilemma an Drogen wie Ecstasy ist, dass man weder Durst noch Hunger noch Erschöpfung spürt. Das heißt, man merkt den **gefährlichen Flüssigkeitsverlust** erst, wenn die Wirkung der Droge nachlässt oder wenn sich schon eine Folgeerscheinung bemerkbar macht.

DIE WICHTIGSTEN VORSORGEMASSNAHMEN

> Vergiss nie, dass Drogen zu nehmen kein Zeichen von Erwachsen-, Cool- oder Intelligentsein ist! Es kann sein, dass du es tust, aber es ist und bleibt trotzdem eine überflüssige und dumme Angelegenheit, die genau das Gegenteil bewirken kann: Du wirst vielleicht am Ende deinen ganzen Stolz verloren haben, klein, jämmerlich und abhängig sein und eine elende Figur abgeben, die außer Drogenkonsum nichts zu bieten hat.

> Wenn du Drogen nehmen willst oder nimmst, weil du Probleme hast, versuche lieber, dich deinen Problemen zu stellen. Sonst sind deine Sorgen hinterher noch viel größer als vorher. Auf alle Fälle gehen sie durch Drogen nicht weg! Wenn du Drogen nimmst, um bedröhnt zu sein, überlege dir lieber, was du anderes Spannendes tun kannst, ohne dir zu schaden – selbst wenn dich das eine größere Anstrengung kostet.

> Kombiniere NIEMALS Drogen miteinander! Das solltest du dir zur eisernen Regel machen!

> Ebenfalls solltest du NIEMALS Drogen mit der Spritze injizieren! Wenn das leider doch schon der Fall ist, be-

nutze auf jeden Fall sterile Spritzen und Bestecke. Nimm sie NIE ein zweites Mal! Achte darauf, dass du sie gut entsorgst, sodass kein anderer damit Missbrauch treiben kann (Spritzenaustauschstellen). Benutze NIEMALS, aber auch wirklich NIEMALS ein gebrauchtes Spritzbesteck!

> Versuche, möglichst bei zuverlässigen Leuten sauberen Stoff zu kaufen. Nimm NIEMALS Stoff von Leuten an, die du nicht kennst! Sie könnten dir Dreck anbieten, der dich das Leben kosten kann.

> Nimm NIEMALS Drogen, wenn du schlecht drauf bist!

> Nimm NIEMALS Drogen, wenn du allein bist und niemand auf dich aufpassen kann!

> Such deine Freunde für diese Erlebnisse gut aus! Es sollten wirkliche Freunde sein, die auch im Notfall auf dich aufpassen und dir helfen, so wie du auf sie aufpasst und ihnen hilfst.

> Bevorzuge Orte, an denen du dich sicher fühlst und wo du dich auskennst! Nimm NIEMALS Drogen an Plätzen, die du nicht kennst oder nicht magst!

> Denk daran: Drogen zu nehmen ist kein Wettbewerb wie »Unter-den-Tisch-Saufen« oder dergleichen! Jeder Mensch reagiert anders und du ganz speziell, also orientiere dich nur an dir selbst und NIEMALS an anderen!

> Vergiss nicht, dass manche Drogen ihre Zeit brauchen um zu wirken. Werde nicht ungeduldig und leg auf gar keinen Fall noch etwas nach! Du provozierst so eine möglicherweise tödliche Überdosierung. Also: NIEMALS noch eine zweite Ration hinterher nehmen!

> Richte dich auf einen schrecklichen Kater ein! Je höher du fliegst, desto stärker wird dein Absturz sein. Meist stellen sich eine tiefe Depression und eine höllische

Unruhe ein, später auch Verfolgungswahn und Panikattacken. Nach einem Ecstasy-Wochenende kann es die ganze Woche dauern, bis du dich wieder einigermaßen normal fühlst. Wenn du regelmäßig Drogen nimmst, wird das Runterkommen immer unangenehmer werden!

> Mach dir klar, dass es nach Ecstasy, Speed, LSD und Konsorten noch monatelang zu Flashbacks kommen kann!

> Denk immer dran, dass ein Trip, wenn er erst mal begonnen hat, nicht mehr unterbrochen werden kann!

> Welche Droge du auch immer genommen hast: Auto fahren und Maschinen bedienen sind tabu, auch noch in der Zeit des Runterkommens.

Partydrogen führen – wie gesagt – zu einem gefährlichen Wasserverlust. Die schlimmsten Folgen davon sind völlige Erschöpfung und Hitzschlag. Deswegen solltest du einige zusätzliche Vorsichtsmaßnahmen beherzigen:

> Mach dir klar, dass dir Wasser bzw. Flüssigkeit fehlt, auch wenn du keinen Durst hast.

> Trink jede viertel bis halbe Stunde ein Glas Wasser mit einem Schuss Obstsaft! Nicht mehr und nicht zu viel auf einmal, denn das versetzt den Körper in einen anderen **Schockzustand**: Das Gehirn kann anschwellen und der Tod ganz plötzlich eintreten.

> Trink NIEMALS Alkohol dazu, denn das ist ja eine weitere Droge, die zudem deinem Körper Wasser entzieht!

> Trink ab und zu einen Fruchtsaft, das ersetzt den Mineral- und Vitaminverlust.

> Iss etwas Salziges: Oliven, Chips oder Erdnüsse füllen den Magen ein wenig und ersetzen das Salz, das beim Schwitzen verloren geht. Dieses ist ebenfalls ein wichtiger Bestandteil deines Mineralhaushalts.

> Verzichte auf modische Kopfbedeckungen, sie führen zu einem Hitzestau am Kopf. Gerade dort findet aber der wichtigste Wärmeaustausch statt. (Wusstest du schon, dass du bei kalten Füßen besser eine Mütze aufsetzt anstatt noch ein Paar Socken anzuziehen?) Wenn du dichtes Haar hast oder z. B. Dreadlocks trägst, bespritz deinen Kopf ab und zu mit etwas Wasser!

> Mach ab und zu Pause vom Tanzen, damit der Körper sich erholen kann!

> Verkehre deshalb nur in guten Discos, wo es kostenlos Trinkwasser gibt, Mineralwasser und Knabbereien zu jugendfreundlichen Preisen und Zonen, in denen man sich **ausruhen kann** und in denen sich Betreuer um die erschöpften Tänzer kümmern und ein Arzt in Einsatzbereitschaft ist.

Am besten ist es aber, wenn du von vornherein die Finger von Drogen lässt – sie sind es wirklich nicht wert!

DARAN ERKENNST DU DROGEN-NOTFÄLLE BEI DEINEN FREUNDEN

> Er oder sie weiß nicht mehr, wer er/sie ist, wo er/sie ist und warum er/sie da ist.

> Er oder sie reagiert nicht mehr, etwa wenn er/sie zu etwas aufgefordert wird.

- Er oder sie übergibt sich.
- Er oder sie hat Krampfanfälle.
- Er oder sie hat akute Atemnot.
- Er oder sie verliert das Bewusstsein.
- Er oder sie fühlt sich heiß an, obwohl es kalt ist.

SO LEISTEST DU IM NOTFALL ERSTE HILFE

Am besten wäre es, wenn du einen Erste-Hilfe-Kursus absolvieren könntest, dann bist du nämlich auch für den Drogen-Notfall einigermaßen gewappnet. Vielleicht könnt ihr euch mal in der Schule im Rahmen einer Projektwoche so etwas vornehmen. Davon können sicher alle profitieren. Wenn es irgendwie geht, solltet ihr euch gegenseitig merken, was die anderen genommen haben, damit man es im Notfall gleich den Helfern sagen kann. Von deinem bzw. von eurem **raschen Handeln** hängt im Notfall möglicherweise **das Überleben eines Freundes** oder einer Freundin ab. Deshalb: Nicht zögern, sondern schnell etwas unternehmen! Warte nicht zu lange, bis du einen Arzt zu Rate ziehst oder einen Krankenwagen rufst. Sag bei dem Anruf auf jeden Fall dazu, dass der Betreffende Drogen genommen hat (am besten auch noch welche), damit der Notfall ernst genommen wird. Da musst du ganz offensiv sein! Um es einmal krass auszudrücken: Wer sich cool genug fühlt, Drogen zu nehmen oder in Discos endlos herumzuhängen, der muss auch cool genug sein, Hilfe zu organisieren und klipp und klar zu sagen, worum es geht und dass möglicherweise Gefahr im Verzug ist.

DAMIT MUSST DU RECHNEN, WENN DU MIT MENSCHEN UNTERWEGS BIST, DIE DROGEN GENOMMEN HABEN

Überhitzung

Über die Zusammenhänge von Ecstasy und einigen anderen Drogen und dem Flüssigkeitsverlust infolge von Überhitzung haben wir dich ja schon aufgeklärt. Anzeichen dafür können sein, dass sich Kopfschmerzen und Krämpfe einstellen, dass jemand taumelt, weil ihm so schwindelig ist, dass jemand ohnmächtig oder ganz blass wird, dass ihm der kalte Schweiß im Gesicht steht und er lethargisch zu werden beginnt. Wenn du nun merkst, dass dies auf jemanden aus deinem Freundeskreis zutrifft, versuch ihn oder sie an **einen ruhigen Ort** zu bringen, **wo es einigermaßen kühl ist**. Sorge, wenn möglich, für frische Luft! Gib ihm/ihr ein Glas Wasser mit Obstsaft oder **Cola** zu trinken – nicht mehr – und reiche ihm/ihr nach einer Viertelstunde ein weiteres. In der Zwischenzeit kannst du den Betroffenen mit einem feuchten Tuch an Hals, Kopf und Unterarmen abreiben. Ein paar Spritzer Wasser schaden ebenfalls nicht. Der Betroffene sollte die Beine hochlegen. Am besten solltest du Hilfe holen. Lass ihn/sie nicht allein!

Erbrechen

Es kommt häufig vor, dass jemandem schlecht wird. Je nachdem wie »zu« er oder sie ist, kann dies mehr oder minder gefährlich sein. Es besteht nämlich die **Gefahr, an dem eigenen Erbrochenen zu ersticken**. Der Betroffene sollte nach vorne gebeugt sitzen, wenn er bei Bewusstsein ist, oder in eine stabile Seitenlage (Erste-Hilfe-Kursus!!!) gebracht werden. Sobald es geht, solltest du ihm etwas Cola zu trinken geben (beruhigt den Magen), vielleicht ein paar Salzstangen zum Knabbern und ihn nach Hause bringen. Lass ihn/sie nicht allein!

Orientierungslosigkeit und Verwirrung

Bei manchen Trips weiß man am Ende nicht mehr, wer und wo man ist. Der Betroffene fängt dann an zu spinnen, will irgendwohin gehen, will irgendetwas beweisen – etwa dass er fliegen oder durch Glas gehen kann. **Daran musst du ihn natürlich unbedingt hindern!** Versuch, begütigend auf ihn einzureden und ihn irgendwie nach Hause zu bringen. Lass ihn auf keinen Fall allein, bis er wieder zu sich kommt. Denn wenn ihm schlecht wird oder er das Bewusstsein verliert, kann ihm etwas Schlimmes passieren. Wenn du dir das allein nicht zutraust, hole dir Hilfe. Wenn es ganz schlimm ist, rufe den Notarzt!

Es kann auch sein, dass du dabei bist, wenn jemand auf einem Horrortrip ist. Dann solltest du ihn ebenfalls nicht allein lassen, bis der Trip vorbei ist. Sprich mit ihm und sag, dass die Dinge, die er zu erleben glaubt, nicht wirklich passieren und bald vorbeigehen. **Fass ihn an**, streichle ihn oder massiere ihn etwas, **damit er weiß, dass er nicht allein ist.**

Bewusstlosigkeit

Wenn jemand von den Drogen sehr müde wird und eine Ohnmacht droht, achte darauf, dass er nicht einschläft, damit er nicht im Schlaf bewusstlos wird. **Lass einen Arzt oder einen Krankenwagen kommen** und geh mit ihm spazieren, bis die Hilfe eintrifft. Anzeichen dafür, dass jemand ohnmächtig ist: Er wird blass bis grünlich, schwitzt sehr stark, hat die Augen geöffnet, jedoch einen völlig ausdruckslosen Blick.

Wenn jemand ohnmächtig wird, muss er in die stabile Seitenlage gebracht werden. Dann muss man kontrollieren, ob die Atemwege frei sind, damit es nicht zum Erstickungstod kommt. Dazu ziehst du den Kopf etwas nach hinten und schaust in den Mund hinein. Wenn du da etwa Essensreste oder Erbrochenes findest, musst du dich dazu durchringen, dies mit den Fingern zu entfernen.

Wenn der Betroffene nicht mehr atmet, musst du eine Herzmassage und eine Mund-zu-Mund-Beatmung machen. Und natürlich möglichst rasch einen Notarztwagen kommen lassen. **Lass ihn/sie nicht allein!**

Krämpfe

Pass auf, dass der Betroffene nicht hinfällt und sich dabei verletzt! Kannst du dies nicht mehr verhindern, versuche zumindest den Sturz abzumildern. Dann leg den Freund oder die Freundin in die stabile Seitenlage und verschaffe ihm/ihr Luft, indem du die Kleidung lockerst, vor allem am Hals. Rede dem Betroffenen gut zu, streichle ihn und massiere ihm leicht den Nacken. Dann muss jemand den Notarzt rufen. Lass den Freund/die Freundin nicht allein!

Angst- und Panikanfälle

Es kommt häufig vor, dass jemand unter Drogen oder beim Runterkommen von Angst und Panik gebeutelt wird. Verfolgungswahn und Irresein sind ebenfalls keine Seltenheit. Der Betroffene braucht dann am ehesten Zuspruch, körperliche Nähe von Freunden und Ruhe. **Bring ihn vom Mittelpunkt des Geschehens weg**, irgendwohin, wo es ruhig ist. Ein Glas Wasser kann nicht schaden. Und wenn er anfängt nach Luft zu japsen, dann versuch selbst ganz tief und ruhig zu atmen und fordere ihn auf, mit dir zu atmen. In solchen Fällen sind Entspannungsübungen hilfreich. Lass den Betroffenen auf keinen Fall allein!

Sprachstörungen
Wenn jemand nicht mehr sprechen kann und Mühe hat, sich zu bewegen, bahnt sich eine lebensbedrohliche Krise an. Kommen noch Zittern und kalte Haut hinzu, sollte unverzüglich der Notarzt gerufen werden.

DARAN ERKENNST DU, OB JEMAND DROGEN NIMMT

Wenn du dir generell Sorgen machst, ob ein Freund oder eine Freundin von dir ein Drogenproblem haben könnte, dir aber nicht sicher bist, kannst du nach bestimmten Anzeichen suchen, die dir helfen, die Wahrheit herauszufinden, damit du helfen kannst.

Grundsätzlich kann jedes abweichende Verhalten ein Hinweis auf Drogenmissbrauch sein: Ist jemand plötzlich lethargisch oder besonders aufgedreht, schnell wütend und rastet bei jeder Kleinigkeit aus, kannst du dir **ein Benehmen nicht erklären**, weil es normalerweise nicht zu dem Freund oder der Freundin passt (natürlich solltest du auch nichts dort hineingeheimnissen, wo nichts ist oder jemand nur aus irgendeinem anderen Grund sauer auf dich ist), so kann es gut sein, dass das auf einen Drogenkonsum hindeutet.

Nun heißt es behutsam vorgehen! Schnüffle auf keinen Fall in den Sachen des anderen herum, das macht nur ärgerlich und sät Misstrauen. **Sprich den Freund/die Freundin lieber direkt an!** Überleg aber vorher genau, wie du reagieren willst, wenn er/sie dir den Drogenkonsum eingesteht. Auf keinen Fall solltest du mit Vorwürfen reagieren, denn dann traut er/sie dir nicht mehr. Wenn er/sie den Drogenkonsum abstreitet, lass nicht lokker, denn irgendeinen Grund muss es ja für das veränderte Verhalten geben. Wie gesagt, du musst dich auch selbst hinterfragen.

Wenn jemand in deinem Freundeskreis Drogen nimmt, zu viel Alkohol trinkt und/oder Pillen schluckt und dann behauptet, er hätte alles voll im Griff, kannst du in jedem Fall davon ausgehen, dass das nicht stimmt. Dann ist ihm entweder nicht klar, wie abhängig er ist (was schon ein Teil der Abhängigkeit ist), oder er weiß es und schämt sich oder glaubt nicht daran, dass er den Absprung schafft, oder er will dich ablenken. Wenn er aber bereit ist, mit dir darüber zu sprechen, könntest du versuchen, ihm einen Deal vorzuschlagen: Er oder sie soll zum Beispiel **einen Monat lang auf seinen Stoff verzichten** und dann könnt ihr ja weitersehen. Schafft er es nicht, ist das für euch beide das Zeichen, dass etwas nicht stimmt und ihr euch über das weitere Vorgehen Gedanken machen solltet.

Generell ist es nicht einfach, Drogensüchtigen zu helfen, da nicht nur Verleugnung, sondern auch Lügen und Betrügen zur Sucht gehören. Das zu erkennen ist hart für Freunde und vor allem auch für die Eltern. Denn man will ja Menschen, die man mag, glauben, was sie sagen, und das Beste von ihnen annehmen. Süchtige Menschen kennen aber oft keine Grenzen mehr und können das Blaue vom Himmel herunter lügen. **Du musst für dich selbst Grenzen setzen** und erklären: »Ich helfe dir nur, wenn du eine Therapie machst.« Vor allem verleih niemals Geld an einen Drogensüchtigen und hilf niemals beim Beschaffen von Drogen, auch wenn dir wer weiß was dafür versprochen wird. Einem Freund gegenüber standhaft zu bleiben, ist ganz, ganz schwer. Das musst du dir von Anfang an klar machen. **Aber du hilfst nur, wenn du konsequent bleibst!** Dann wird sich dein Freund/deine Freundin auch in einer echten Notlage an dich wenden. Wenn die Eltern von ihm/ihr nicht der Grund für die Sucht sind, ist es sinnvoll, sich mit ihnen zu besprechen. Das ist kein Verpetzen und keine unerlaubte Einmischung, denn es geht ja um Hilfe, die ein Drogensüchtiger sich selbst oft nicht mehr leisten oder holen kann. Machst du dir Sorgen und weißt nicht, mit wem du darüber sprechen kannst, dann solltest du dich an eine spezielle Beratungsstelle wenden. Dort sitzen **Fachleute, die dir und deinen Freunden gerne und kompetent** – aber vor allem diskret – **helfen**. Selbst wenn sich deine Sorge als unbegründet herausstellt, brauchst du dich nicht zu schämen: Es geht um deine Freunde und bei Drogenproblemen hilft nur rechtzeitige Hilfe.

Vielleicht kannst du mit den Eltern und anderen Freunden gemeinsame Sache machen, indem ihr euch über Ausgehorte, Ausgehverbote, Taschengeld, Reisen und andere Regeln verständigt, die es den Betroffenen schwer machen zu behaupten: »Die anderen dürfen das auch alle!« Prima wäre es, wenn ihr euch gemeinsam für eine Sport- oder Fitnessart begeistern könntet – am besten etwas, wo man viel an der frischen Luft ist. **Bewegung** ist nämlich noch immer das durchschlagendste Mittel, wenn es um **Abstand zu Drogen geht**. Unter anderem, weil bei ausreichend Sport der Körper sich selbst mit seinen eigens erzeugten Drogen überschwemmen kann. Und die haben bekanntlich keine Nebenwirkungen.

Das können **Zeichen** dafür sein, dass einer von euch Drogen konsumiert:

> Seine/Ihre Leistungen in der Schule fallen plötzlich ab, und zwar in allen Fächern.

> Er/Sie will mit den alten Freunden nichts mehr zu tun haben.

> Er/Sie wechselt häufiger den Freundeskreis.

> Er/Sie zieht sich zurück und isoliert sich mehr und mehr.

> Er/Sie hat keinen Bock mehr auf die alten Hobbys.

> Er/Sie vergammelt bis zur Selbstaufgabe.

> Er/Sie vernachlässigt sein/ihr Äußeres.

> Er/Sie braucht immer mehr Geld.

> Er/Sie wird beim Klauen erwischt.

Allgemeine Suchtsignale

(die im Übrigen auch auf Erwachsene zutreffen):

> Jemand braucht eine bestimmte Menge eines Suchtmittels, um sich wohl zu fühlen oder mit Belastungen fertig zu werden.

> Jemand behauptet, weniger Suchtmittel zu gebrauchen, als dies tatsächlich der Fall ist.

> Jemand fühlt sich außer Stande, aus eigenem Antrieb das Suchtmittel abzusetzen.

> Jemand leidet körperlich und seelisch, sobald das Suchtmittel nicht zu erreichen ist.

> Jemand findet immer wieder Möglichkeiten, unbemerkt an Drogen heranzukommen.

> Jemand achtet darauf, dass stets eine bestimmte Menge Vorrat des Suchtmittels zur Verfügung steht.

> Jemand versteckt seine Vorräte.

Darüber hinaus kann sich das Verhalten im Alltag ändern:
Aufputschmittel wie Kokain, Crack, Ecstasy, Speed, Amphetamine und Captagon können zu Schlaflosigkeit, Größenwahn, extrem ausgeprägter Redesucht, Angst und Verfolgungsvisionen führen, in der Schule zu Unaufmerksamkeit, Unzuverlässigkeit und Leistungsabfall. Es zeichnet sich eine **Vorliebe für flüssige Kost** ab, Alkohol zeigt keine starke Wirkung. Meist raucht die betreffende Person viel und verliert deutlich an Gewicht. Übelkeit mit Brechreiz, Schweißausbrüche, Nasenbluten, erweiterte Pupillen, Nervosität und schnelle Stressanfälligkeit sind weitere Symptome.

Stoffe wie Heroin, Morphium, Opium, Codein, Valium, Rohypnol, Schlafmittel und Barbiturate führen zum Verlust von Wertbegriffen, zu Antriebslosigkeit, Verwahrlosung, einer Veränderung des Tag-Nacht-Rhythmus, einem **verstärkten Aufenthalt** in geschlossenen Räumen (Toiletten!) oder abgeschiedenen Plätzen und zu permanenten Geldschwierigkeiten. Mahlzeiten werden selten und unregelmäßig eingenommen. Alkohol wird meistens abgelehnt. Dafür verlagert sich der Geschmack auf Süßspeisen wie Pudding, Joghurt und Süßigkeiten. Der Betroffene raucht viel. Seine Haut wird unrein und juckt ständig, er fröstelt, hat Gleichgewichtsstörungen und Brechreiz, wird dünn und mag es nicht mehr, wenn er angefasst wird.

Bei Haschisch und Marihuana kommt es zu einem allmählichen Abfall der schulischen Leistungen, einer wachsenden **Gleichgültigkeit gegenüber Pflichten** und Aufgaben und zu verstärktem »Rumhängen«. Heißhungeranfälle, verstärktes Verlangen nach Süßigkeiten und großer

Durst machen sich bemerkbar. Die Augen sind gerötet und die Lider schwer.

Wenn du bei Freunden Utensilien wie Spiegel, eine Rasierklinge, Röllchen, eine Spritze, angerußte Löffel, Papierbriefchen, weiße oder braune Pulverreste, Zitronensäure, eine Briefwaage, Tabletten oder zusammengeklebtes Zigarettenpapier findest, solltest du sehr, sehr aufmerksam sein. Weitere mögliche Hinweise: Der Freund/Die Freundin benötigt viel Geld, wofür es keine einleuchtende Erklärung gibt. Er/Sie wird geheimnistuerisch, zerstreut, schlampig, verschlossen, schlaflos, verlogen und beginnt undeutlich, verwaschen und schleppend zu sprechen.

Bist du dir sicher, dass dein Freund/deine Freundin drogensüchtig ist, oder im Begriff dieses zu werden, versuche erst mal **Ruhe zu bewahren**. Dann solltest du dich möglichst professioneller Hilfe anvertrauen – zunächst einmal ganz für dich allein. Vielleicht hast du einen Vertrauenslehrer, bei dem auch Drogenprobleme gut aufgehoben sind. Bei den Drogenberatungsstellen gibt es außerdem fast immer Betreuung für Angehörige und Freunde, wo du Rat und Hilfe bekommst. Es gibt auch Gruppen für so genannte Co-Abhängige, weil man davon ausgeht, dass es in den meisten Familien eingeschliffene Verhaltensweisen gibt, die die Sucht begünstigen oder auch unbewusst unterstützen. Das kann auch auf Freunde zutreffen.

Behandle deinen drogensüchtigen Freund wie jeden anderen Menschen. Pack ihn/sie nicht in Watte! Übernimm keine Aufgaben, die er/sie selbst erledigen kann. Vor allem: **Leih ihm/ihr kein Geld**! Er/Sie gibt es ohnehin nur für Drogen aus. Auch wenn er/sie noch so schöne Worte verwendet. Das ist ein Teil der Sucht, dass viele Dinge versprochen werden, die niemals gehalten werden. Glaube ihm/ihr einfach nicht! Das geht nicht gegen deinen Freund/deine Freundin, sondern wird ihm/ihr helfen. Versuch nicht, dir etwas vorzumachen und dir einzureden, es würde mit der Zeit schon von allein besser. Kaum ein Mensch schafft es, alleine wieder davon loszukommen. **Verheimliche dein Wissen nicht** vor dem Betroffenen oder anderen Menschen. Sie machen dann nur gemeinsame Sache mit ihm. Versuch nicht, Leistungsabfall und Fehler zu vertuschen, die durch die Drogen verursacht werden. Hilfreiche Adressen findest du im hinteren Teil des Buches.

WAS PASSIERT, WENN DU MIT DROGEN ERWISCHT WIRST

Wenn du selbst mit Drogen zu tun hast oder es in deinem Umfeld Drogen gibt, kann es jederzeit vorkommen, dass du in der Schule, in der Disco, auf der Straße oder zu Hause damit erwischt wirst. Wenn du es mit der Polizei zu tun bekommst, gilt es als Erstes, Ruhe zu bewahren. Werde nicht laut, frech oder aggressiv, damit verschlimmerst du alles nur! Denke daran, dass die Polizisten letztlich **nur zu deinem Schutz** und dem anderer Jugendlicher eingreifen. Frage danach, ob du deine Eltern, einen Anwalt oder eine Vertrauensperson anrufen darfst. Wenn du jünger als 17 Jahre bist, muss die Polizei von sich aus deine Eltern oder deine Erziehungsberechtigten informieren.

Wirst du zum Hergang befragt, solltest du mit dem Antworten warten, bis deine Eltern da sind. Zum einen kann das, was du sagst, sonst nicht als Beweis für die Richtigkeit deiner Aussagen verwendet werden, zum anderen werden die Polizisten sicher zugänglicher sein, wenn sie merken, dass deine Eltern sich um dich kümmern (sie sollten allerdings nicht ungebührlich aggressiv auftreten). Erscheinen sie nicht, wird wahrscheinlich eine Strafanzeige gestellt werden. Dann solltest du auf alle Fälle darauf bestehen, dass ein Anwalt bei dir ist. Habt ihr keinen Familienanwalt, kann dir unter Umständen auch ein vom Gericht bestimmter **Pflichtverteidiger** helfen – z. B. wenn dir eine Haftstrafe droht. So ein Pflichtverteidiger ist ein ganz normaler Anwalt, dem du vertrauen kannst. Er ist nicht beim Gericht angestellt. Es ist seine Aufgabe, dir zu helfen und nicht dich »aufs Glatteis« zu führen. Du hast bei der Polizei immer das Recht, dass ein juristischer Beistand bei dir ist, wenn du etwas aussagst. Deinen Namen und deine Adresse musst du natürlich schon angeben. Außerdem musst du damit rechnen, dass bei deinen Eltern oder dort, wo du wohnst, eine Hausdurchsuchung durchgeführt wird.

Bei »leichteren Verfehlungen« und wenn du noch recht jung bist, kann das Verfahren gegen dich unter Umständen eingestellt oder von einer Strafe abgesehen werden. Du musst dich allerdings einsichtig zeigen und darfst nicht leugnen, was du getan hast. Meist wird dann eine **gemeinnützige Tätigkeit** als Ausgleich angeordnet. Der Vorgang wird in deinen Akten zwar vermerkt, aber du giltst trotzdem nicht als vorbestraft. Wirst du vom Gericht jedoch zu einer Strafe verurteilt, so wird eine Gefängnisstrafe ab drei Monaten und eine Geldbuße ab 90 Tagessätzen in dein polizeiliches Führungszeugnis eingetragen.

WAS IHR IN DER SCHULE SELBST AKTIV MACHEN KÖNNT

Die Drogensprechstunden von Lehrern oder sonstige Aktivitäten, die nur von Lehrern ausgehen, haben in der Vergangenheit wenig Erfolg gezeitigt. Die Drogenkonsumenten tauchen einfach nicht auf oder lassen niemanden an sich heran. **Mehr bewirken Schüler selbst** – zum Beispiel die Mitarbeiter an dem Präventionsmodell »Schüler helfen Schülern«. Sie erfahren viele Dinge, von denen die Lehrer gar nichts mitbekommen. Viele User lassen sich von ihnen beraten und bitten sie um Hilfe. Die meisten Schüler, so meint die 16-jährige Nicole, wüssten doch ohnehin mehr über den Stoff als die Lehrer, von denen die meisten selbst kaum je mit der heutigen Vielfalt an Drogen in Berührung gekommen sind. Folglich sollten sie sich gegenseitig helfen.

Immer häufiger tun sich Jugendliche zusammen, um als **Drogenscouts** oder »Blaue Engel« zu arbeiten. Sie gehen in die Discotheken und zu den Chill-out-Plätzen, um dort ihre Altersgenossen aufzuklären und sie beispielsweise auch vom Autofahren unter Drogeneinfluss abzuhalten. »Wir wollen sie nicht belehren, wir wollen ihnen beim sachgerechten Umgang helfen. Denn vor allem Ecstasy wird immer unberechenbarer. Verhindern lässt sich der Drogengebrauch nicht, aber man muss den Kids erklären, was sie da unter Umständen angedreht kriegen«, sagt eine 17-jährige Leipzigerin, die als Drogenscout umherzieht. Sie und ihre Kumpels haben neben **Aufklärungsmaterial** auch immer Obst, Vitamintabletten und jede Menge Wasser dabei. Damit sollen die erschöpften Körper schnell wieder aufgepäppelt werden. Denn eine der gefährlichen Nebenwirkungen der Designerdrogen ist, dass sie dem User vorgaukeln, er sei auch nach stundenlangem Abtanzen topfit. Doch der Organismus überhitzt sich – wie gesagt – und das Durstgefühl wird gestört. Kreislaufzusammenbrüche und Herzrhythmusstörungen sind häufig die Folge.

Die Scouts geben den Usern aus ihrer Sicht Empfehlungen, wovon sie die Finger lassen sollen und um welche Dealer sie einen Bogen machen sollten, weil diese gestreckten und unsauberen Stoff verkaufen. Sie glauben, dass das Jugendliche eher davon abhält, sich schädliche Dinge zuzufügen, als naive oder kämpferische Anti-Drogen-Appelle. Doch auch untereinander sind sie sich nicht ganz einig, wo nun genau der unverfängliche Spaß aufhört, der riskante Missbrauch anfängt und wie dem zu begegnen ist.

»Keimzelle« der Drogenscouts ist die Gruppe »Eve & Rave«, die zunächst in Berlin ins Leben gerufen wurde und inzwischen auch in anderen Städten existiert. Die Berliner »Eve & Rave«-Gruppe geht sogar noch etwas weiter: Sie lässt E-Pillen von einem Pharmazeuten auf ihre Inhaltsstoffe überprüfen. Denn **Ecstasy wird ständig mit neuen Substanzen** frisiert, um das Betäubungsmittelgesetz zu umgehen. Kommt dabei heraus, dass die Pillen verunreinigt, gestreckt und/oder mit gefährlichen Substanzen versehen sind, leiten sie Warnungen an die Szene weiter. Die Polizei sieht dieses »Drugchecking« als Tatbestand des Dealens an und macht der Gruppe entsprechende Schwierigkeiten. In anderen Städten arbeiten die Scouts jedoch mit den Behörden zusammen. Dort überlegt man sich gemeinsam, wie sinnvoll das Überprüfen der Reinheit der Drogen sein kann und ob es die Arbeit von Drogenfahndern eher unterstützt oder behindert.

HAST DU SELBST PROBLEME MIT DROGEN?

Die meisten Jugendlichen bringen ihre Drogenerfahrungen gut hinter sich und hören relativ bald wieder damit auf, weil sie dann andere Sachen wieder spannender finden. Sie führen ein normales Leben und versuchen, sich auf anderen Gebieten stark zu machen. Gehörst du nicht dazu oder hast das Gefühl, dass du selbst Probleme mit Drogen hast, mit denen du nicht allein fertig wirst, brauchst du mit Sicherheit eine Extraportion Mut, um dich aus diesem Teufelskreis zu lösen. Einen Entzug durchzustehen ist gewiss nicht einfach. Aber es gibt doch eine Menge Leute, die das schaffen. Und es ist zu schaffen! Die Angst vor den Entzugserscheinungen sollte einen nicht davon abhalten, erklären Betroffene. Die Symptome sind schlimm, aber zu überstehen. Die **Angst davor ist manchmal schlimmer** als die Symptome selbst, sagen viele ehemalige Drogensüchtige. Und das ist ja schon außerordentlich beruhigend.

Alle Suchtsignale, die wir in Bezug auf Freunde, die möglicherweise ein Drogenproblem haben, geschildert haben, gelten natürlich auch für dich. Entscheidend ist, dass deine **Gedanken nur noch um die Droge kreisen**, du dich ohne sie nicht mehr entspannen oder freuen kannst, dass du Angst hast, nicht genügend Stoff zu haben, dass du lügst und klaust und schwerste Entzugserscheinungen hast, sobald die Wirkung nachlässt, dass du immer Stoff brauchst, um auf den Trip zu kommen oder normal zu funktionieren, und dass du keinen Tag mehr ohne Drogen sein kannst. Wenn du dir Rauschgift injizierst, hast du mit Sicherheit ein sehr bedrohliches Drogenproblem.

Wenn du dir das nun eingestanden hast, kommt ein

nächster schwerer Schritt auf dich zu: **Du musst dir Hilfe suchen.** Das bedeutet meist, dass du dich jemandem offenbaren musst. Das können Eltern, Freunde, Lehrer, Großeltern, Tanten, Onkel oder Bekannte der Eltern sein. Es ist wichtig, dass du nicht allein bist. Schön wäre es, wenn Familie und Freunde dich jetzt nicht im Stich lassen würden. Allerdings darfst du sie auch nicht hintergehen, was ja ein Teil der Sucht sein kann. Es liegt auf der Hand, dass sie dann enttäuscht sind und dir beim nächsten Anlass nicht mehr glauben. Wichtig ist also, dass du zu dir selbst und zu den anderen ehrlich bist.

Bei einer Drogenberatungsstelle ist die Hemmschwelle sicher geringer, als wenn du dein Problem als Allererstes deinen vielleicht ahnungslosen Eltern beichten möchtest. Je nachdem, wie sie gestrickt sind, hast du dann noch ihre Sorgen und Vorwürfe »am Hals« und möglicherweise zusätzlich das Gefühl, dich mehr um sie kümmern zu müssen. **Eine professionelle Beratung kann dir über diese Klippe helfen.** Damit fällt es vielleicht deinen Eltern ebenfalls leichter, den Tatsachen ins Auge zu blicken, denn dann ist ja jemand da, der auch ihnen helfen kann. Die Berater sagen dir oder euch außerdem ganz genau, wo und wie so ein Entzug vonstatten geht und welche Bedingungen zu erfüllen sind. Anlaufstellen für eine Drogenberatung findest du im Adressenteil dieses Buches.

Die Entgiftung des Körpers wird einige Zeit in Anspruch nehmen. Mit manchen Stoffen kannst du sofort aufhören, andere müssen nach und nach reduziert werden. Das solltest du nicht auf eigene Faust versuchen. Es ist gut und beruhigend, wenn ein Arzt den Entzug beaufsichtigt.

Wenn du es geschafft hast, such dir eine Sportart aus,

die dir Spaß macht, und versuch, sie regelmäßig auszuüben. Sport ist, wie bereits erwähnt, das beste Mittel, um sich drogenfrei zu halten, weil er Spaß, den Kopf frei und die Seele glücklich macht. Du solltest dir dann ohnehin ein Sicherheitsnetz basteln, indem du dich viel mit Dingen beschäftigst, die dir sinnvoll erscheinen, und dir vielleicht einen anderen Freundeskreis aufbauen, damit du Menschen und Orte meiden kannst, die mit Drogen in Verbindung stehen. Wichtig ist auch, dass du zu deinen Drogenberatern Kontakt hältst, damit du dich im Notfall aussprechen kannst.

WO DU HILFE BEKOMMST

Im Folgenden findest du eine Reihe Adressen von Stellen, an die du dich wenden kannst. Bei den angegebenen Beratungsstellen handelt es sich nur um einige ausgewählte Institutionen. Du kannst dich natürlich jederzeit an das Gesundheits- oder Sozialreferat deiner Gemeinde wenden oder im regionalen Telefonbuch nachschauen.

Die Angaben zu den Institutionen entsprechen dem aktuellen Stand zur Zeit der Drucklegung. Besonders Internetadressen, die einem schnellen Wandel unterliegen, können sich inzwischen geändert haben. Für die Inhalte der Websites kann der Verlag keinerlei Verantwortung übernehmen.

DEUTSCHLAND

Telefonnotruf für Suchtgefährdete
Unter der folgenden Nummer kannst du bundesweit rund um die Uhr anrufen:
☎ 01805/31 30 31

Haupt- und Landesstellen gegen die Suchtgefahren:

Deutsche Hauptstelle gegen die Suchtgefahren e. V. (DHS)
☎ 02381/9 01 50
Fax: 02381/153 31
E-Mail: info@dhs.de
www.dhs.de

Sächsische Landesstelle gegen die Suchtgefahren e. V.
☎ 0351/804 55 06
www.slev.de

Landesstelle Berlin gegen die Suchtgefahren e. V.
☎ 030/34 80 09-0
www.landesstelle-berlin.de

Brandenburgische Landesstelle gegen die Suchtgefahren e. V. (Potsdam)
☎ 0331/96 37 50
www.blsev.de

Landesstelle gegen die Suchtgefahren Mecklenburg-Vorpommern e. V. (Schwerin)
☎ 0385/758 91-96
www.lsmv.de

Hamburgische Landesstelle gegen die Suchtgefahren e. V.
☎ 040/284 99 18-0
www.suchthh.de

Landesstelle gegen die Suchtgefahren für Schleswig-Holstein (Kiel)
☎ 0431/56 47 70
www.lssh.de

Bremische Landesstelle gegen die Suchtgefahren e. V.
☎ 0421/335 73-0 oder -33
www.sucht.org/landesstelle-bremen

Niedersächsische Landesstelle gegen die Suchtgefahren e. V. (Hannover)
☎ 0511/62 62 66-0
www.nls-suchtgefahren.de

Landesstelle gegen die Suchtgefahren im Land Sachsen-Anhalt (Magdeburg)
☎ 0391/543 38 18
www.ls-suchtgefahren-lsa.de

Hessische Landesstelle für Suchtfragen e. V. (Frankfurt)
☎ 069/596 96 21
www.hls-online.org

Landesstelle für Suchtfragen in Baden-Württemberg (Stuttgart)
☎ 0711/619 67-31
www.suchtfragen.de

Koordinierungsstelle der bayerischen Suchthilfe (München)
☎ 089/53 65 15
www.kbs-bayern.de

Thüringer Landesstelle gegen die Suchtgefahren e. V. (Erfurt)
☎ 0361/746 45 85
www.tls-suchthilfe-thueringen.de

Weitere Infos bei:

Aktion Jugendschutz
☎ 089/12 15 73-0
www.bayern.jugendschutz.de

Anonyme Alkoholiker (AA) in München
☎ 089/316 95 00
E-Mail: anonyme-alkoholiker-de
www.anonyme-alkoholiker.de
Regionale Kontaktstellen sind auch unter der bundeseinheitlichen Rufnummer (Vorwahl) + 192 95 zu erreichen.

Anonyme Raucher (Karlsruhe)
☎ 0721/40 82 21
www.nicotine-anonymous.org

Blaues Kreuz in Deutschland e. V. (Wuppertal)
☎ 0202/620 03-0

Bundesverband der Elternkreise drogengefährdeter und drogenabhängiger Jugendlicher e. V. (BVEK) in Hamm
☎ 02381/90 15 19
Home.snafu.de/bvek

Bundesverband für stationäre Suchtkrankenhilfe (Kassel)
☎ 0561/77 93 51
www.suchthilfe.de

Bundeszentrale für gesundheitliche Aufklärung (BZGA)
☎ 0221/89 20 31
www.bzga.de
Die Anschriften der örtlichen Beratungsstellen vermitteln

das BzgA-Telefon zur Suchtvorbeugung
☎ 0221/89 20 31 (täglich 10–22 Uhr) und
das Malteser-☎ 0221/982 22 22.

Büro für Suchtprävention (Hamburg)
☎ 040/280 38 12
www.suchthh.de

Diakonisches Werk – Evangelischer Fachverband für Suchtkrankenhilfe im Rheinland (Düsseldorf)
☎ 0211/639 82 94
www.diakonie-rheinland.de

ecstasy project Hamburg (Telefon-Hotline)
☎ 040/24 80 00 (werktags 16–21 Uhr)
www.ecstasy-project.de

Eve & Rave (Münster)
☎ 0251/492 58 89 (Di 13–17 Uhr)
www.eve-rave.de

Fachverband Drogen und Rauschmittel e. V. (FDR)
☎ 0511/183 33
www.fdr-online.info

Fachverband Freier Einrichtungen in der Suchtarbeit e. V. (Nürnberg)
☎ 0911/206 09

Gesamtverband für Suchtkrankenhilfe im Diakonischen Werk der EKD e. V. (Kassel)
☎ 0561/77 83 51
www.sucht.org

KARUNA e. V. – Aktion »Kommste noch klar?«
www.karunaberlin.de

Kreuzbund e. V. – Selbsthilfe- und Helfergemeinschaft für Suchtkranke und deren Angehörige (Hamm)
☎ 02381/672 72-0
www.kreuzbund.de

Selbsthilfe junger Abhängiger
Bundesweite Koordinationsstelle der Caritas (Berlin)
☎ 030/280 51 12

Stiftung Hilfe zur Selbsthilfe Suchtkranker und Suchtgefährdeter (Heidelberg)
☎ 06221/76 74 55
www.stiftung-hilfe-zur-selbsthilfe.de

Verband ambulanter Behandlungsstellen für Suchtkranke Drogenabhängige e.V. (Freiburg)
☎ 0761/200-0
www.vabs.caritas.de

ÖSTERREICH

Ambulatorium für Suchtkranke (Wien)
☎ 01/405 22 44
www.psd-wien.at
Beratung und Information, ambulanter Entzug und Substitution

Anonyme Alkoholiker – Zentrale Kontaktstelle (Wien)
☎ 01/799 55 99
www.anonyme-alkoholiker.at

Anton-Proksch-Institut
Stiftung Genesungsheim Kalksburg (Wien)
Behandlungszentrum für Alkohol- und Drogenabhängige
☎ 01/88 82 53 30
www.api.or.at

Beratungsstelle für Suchtgefahren des Kärntner Caritasverbandes (Klagenfurt)
☎ 0463/555 60 18
www.caritas-kaernten.at

Bundesverband der Elternkreise
Drogengefährdeter und Drogenabhängiger (Wien)
☎ 01/803 94 12
Vermittlung von zuständigen Institutionen und regionalen Selbsthilfegruppen

Change – Drogenberatung (Wien)
☎ 01/406 23 02

Circle
Jugend- und Drogenberatungsstelle (Wels)
☎ 07242/452 74

Clean – Drogenberatungsstelle (Feldkirch)
☎ 05522/65 04-0

Dialog
Hilfs- und Beratungsstelle für Suchtgiftgefährdete und

deren Angehörige (Wien)
☎ 01/512 01 81
www.dialog-on.at

Drogentelefon der Stadt Wien
☎ 01/405 22 44

Drogenberatungsstelle Graz
☎ 0316/32 60 44
www.drogenberatung-stmk.at

ISP – Informationsstelle für Suchtprävention der Stadt Wien (Vermittlung von geeigneten Einrichtungen für Betroffene und Angehörige)
☎ 01/4000-873 40
www.drogenhilfe.at

Jugendhilfsdienst Sucht- und Drogenberatung (Salzburg)
☎ 0662/87 96 82-0
E-Mail: drogenberatung.salzburg@lph-sucht.at

NÖ Sucht- und Drogenberatungsstelle (Bruck/Leitha)
☎ 02162/691 01

Schwindelfrei – Drogenberatungsstelle (Innsbruck)
☎ 0512/56 27 15

Streetwork Büro (Wien)
☎ 01/810 13 02

Sozialer Stützpunkt Karlsplatz, Passage Secession
☎ 01/586 66 06 (tgl. 13.30–19.30; Sa 16.00–19.30)

Mobile Anlaufstelle Bus, Standort Westbahnhof
(tgl. 16.00–20.00)
Information, Beratung, Verfahrenshilfe durch bereitgestellten Anwalt

SCHWEIZ

Anonyme Alkoholiker Schweiz (Zürich)
☎ 01/370 13 83
Zentral-☎ 0848/848 846 (automatische Umschaltung in die Regionen)
www.anonyme-alkoholiker.ch

Al-Anon Familiengruppen der deutschsprachigen Schweiz (Olten)
☎ 062/296 52 16 (Di, Sa 10–16 Uhr)
www.al-anon.ch

ICAA Internationales Büro gegen die Suchtgefahren (Lausanne)
☎ 021/320 98 65

Informationsstelle Drogen
Bundesamt für Gesundheitswesen (Liebefeld-Bern)
☎ 031/970 87 15

ISPA (Lausanne)
☎ 021/320 29 21
www.sfa-ispa.ch

KOSCH – Arbeitsgruppe Schweizer Kontaktstellen für Selbsthilfegruppen p. A.

Selbsthilfezentrum Hinterhuus (Basel)
☎ 061/692 81 00
Vermittlung von Kontakten zu den regionalen Kontaktstellen für Selbsthilfegruppen in der Schweiz

NA – Narcotics Anonymous
☎ für die deutschsprachige Schweiz: 061/312 48 08
www.narcotics-anonymous.ch

Schweizerische Fachstelle für Alkohol- und andere Drogenprobleme (Lausanne)
☎ 021/321 29 11
www.sfa-ispa.ch

Suchtfachstelle St. Gallen
☎ 071/245 05 45
www.stiftung-suchthilfe.ch

Verband der Eltern- und Angehörigen-Vereinigungen Drogenabhängiger VEVDAJ (Bern)
☎ 031/302 39-30
www.vevdaj.ch

Zentralstelle der Elternvereinigung drogenabhängiger Jugendlicher (DAJ) Zürich
☎ 01/363 64 77
www.daj.ch

Weitere hilfreiche Websites:

Deutschland
www.bzga.de
www.drogenberatung-jj.de
www.drogen-online.de
www.ginko-ev.de
www.meb.uni-bonn.de
www.sucht.org

Österreich
www.checkyourdrugs.at
www.drogenhilfe.at
www.fachstelle.at
www.supro.at
www.wien.gv.at

Schweiz
www.sfa-ispa.ch
www.zug.ch/fsp
www.bag.admin.ch